分県登山ガイド 07

茨城県の山

酒井國光 著

山と溪谷社

分県登山ガイド――07

茨城県の山

目次

茨城県の山 全図……04
概説 茨城県の山……06
［コラム］
01 筑波山のパワースポット……42
02 奥久慈・県北の立ち寄り湯……86
03 常陸国風土記の山①……121
04 常陸国風土記の山②……138

◉筑波山
01 筑波山① 乗物利用……10
02 筑波山② 御幸ヶ原コース……14
03 筑波山③ 白雲橋コース……18
04 筑波山④ 迎場・おたつ石コース……21
05 筑波山⑤ 深峰遊歩道～女体山・キャンプ場コース……26
06 筑波山⑥ 薬王院コース……28
07 筑波山⑦ 羽鳥道……31
08 筑波山⑧ 自然研究路……34
09 筑波山⑨ 中腹一周コース……36
10 筑波山⑩ つくば道……39

◉八溝山塊
11 八溝山①……44
12 八溝山②・高笹山・大神宮山……48

◉久慈山地
13 生瀬富士……50
14 月居山……52
15 男体山① 大円地～長福山コース……56

16 男体山②・白木山・高崎山……59
17 男体山③ 男体山～袋田の滝縦走……64
18 篭岩山……66
19 明山……69
20 西金砂山……72
21 東金砂山……75
22 鍋足山……78
23 熊の山・盛金富士……81
◉鷲子山塊
24 尺丈山……84
◉多賀山地
25 三鈷室山……88
26 栄蔵室・花園山・和尚山……90
27 花園神社奥ノ院峰……94
28 土岳……96
29 竪破山……98
30 高鈴山・御岩山・助川山……100
31 神峰山・羽黒山……103
32 真弓山・風神山……108
◉鶏足山塊
33 御前山・富士山……111
34 鶏足山・富士ヶ平山(赤沢富士)……114
35 仏頂山・高峯……116
36 雨巻山……118
37 富士山・佐白山……122
◉筑波山塊
38 御嶽山・雨引山……124
39 加波山……126
40 きのこ山・足尾山……129
41 宝篋山……132
42 雪入山・浅間山……136
43 愛宕山……139
44 難台山・吾国山……142

●本文地図主要凡例●

- 紹介するメインコース。
- 本文か脚注で紹介しているサブコース。一部、地図内でのみ紹介するコースもあります。
- Start Goal Start Goal 215m 出発点／終着点／出発点・終着点の標高数値。
- 管理人在中の山小屋もしくは宿泊施設。
- 紹介するコースのコースタイムのポイントとなる山頂。
- コースタイムのポイント。
- 管理人不在の山小屋もしくは避難小屋。

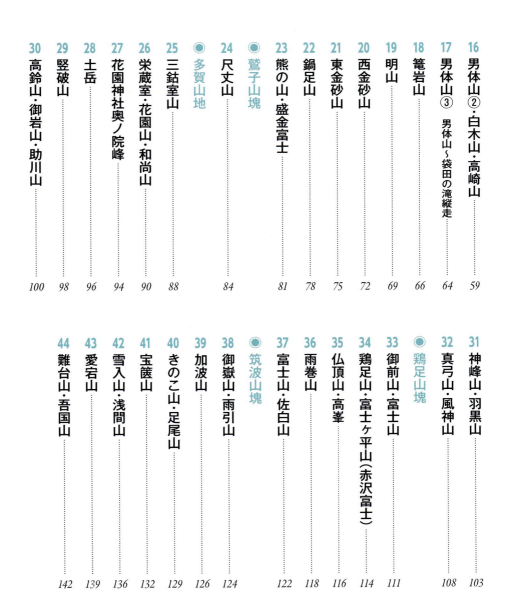

茨城県の山 全図

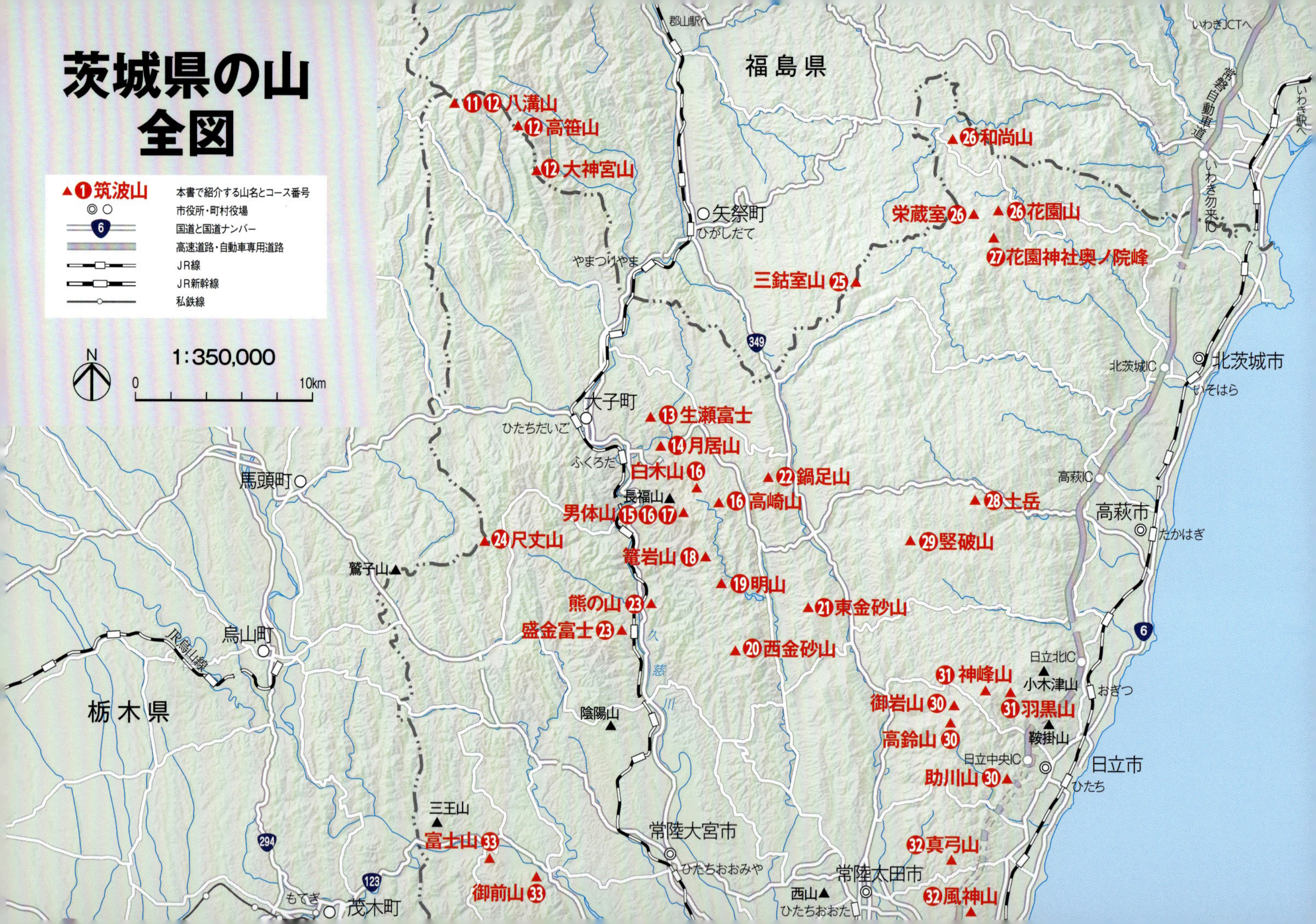

▲❶筑波山 本書で紹介する山名とコース番号
◎ ○ 市役所・町村役場
6 国道と国道ナンバー
高速道路・自動車専用道路
JR線
JR新幹線
私鉄線
N
1:350,000
0
10km
福島県
栃木県
郡山駅へ
いわきJCTへ
いわき駅へ
常磐自動車道
いわき勿来IC
▲⑪⑫八溝山
▲⑫高笹山
▲⑫大神宮山
▲㉖和尚山
栄蔵室㉖▲
▲㉖花園山
▲㉗花園神社奥ノ院峰
三鈷室山㉕▲
矢祭町
ひがしだて
やまつりやま
349
北茨城IC
北茨城市
いそはら
大子町
ひたちだいご
ふくろだ
▲⑬生瀬富士
▲⑭月居山
白木山⑯
▲㉒鍋足山
長福山▲
▲⑯高崎山
男体山⑮⑯⑰▲
高萩IC
▲㉘土岳
高萩市
たかはぎ
▲㉙竪破山
▲㉔尺丈山
鷲子山▲
篭岩山⑱▲
▲⑲明山
熊の山㉓▲
▲㉑東金砂山
盛金富士㉓▲
久
慈
川
▲⑳西金砂山
6
日立北IC
㉛神峰山
小木津山
おぎつ
御岩山㉚▲
㉛羽黒山
鞍掛山
高鈴山㉚
日立中央IC
日立市
ひたち
助川山㉚▲
馬頭町
烏山町
JR烏山線
陰陽山
三王山
富士山㉝
常陸大宮市
ひたちおおみや
294
123
御前山㉝
もてぎ
茂木町
㉜真弓山
常陸太田市
西山▲
ひたちおおた
㉜風神山

茨城県
太平洋
鶏足山 34
焼森山
34 富士ヶ平山（赤沢富士）
36 雨巻山
35 仏頂山
高峯 35
37 富士山
37 佐白山
御嶽山 38
38 雨引山
44 吾国山
44 難台山
43 愛宕山
加波山 39
足尾山 40
きのこ山 40
1 2 3 4 5
6 7 8 9
筑波山
つくば道 10
42 浅間山
雪入山 42
宝篋山 41
益子町
ましこ
真岡鐵道
真岡市
北関東自動車道
桜川筑西IC
いわせ
笠間西IC
JR水戸線
桜川市
笠間市
かさま
ともべ
友部IC
友部JCT
茨城町JCT
茨城町西IC
茨城町東IC
城里町
那珂川
JR水郡線
那珂IC
かみすがや
那珂市
水戸IC
水戸市
みと
水戸南IC
水戸大洗IC
東水戸道路
東海村
ひたちなか市
かつた
ひたちなかIC
常陸那珂有料道路
日立南太田IC
おおみか
日立那珂港IC
ひたち海浜公園IC
大洗町
涸沼
茨城町
東関東自動車道
いわま
JR常磐線
岩間IC
小美玉市
茨城空港北IC
鹿島臨海鉄道大洗鹿島線
石岡市
いしおか
千代田石岡IC
かすみがうら市
茨城空港
鉾田市
しんほこた
小貝川
つくば市
けんきゅうがくえんとし
つくば
つくばエクスプレス
秋葉原駅へ
三郷JCTへ
土浦北IC
土浦市
つちうら
上野駅へ
霞ヶ浦
行方市
鹿島神宮駅へ
小山駅へ

概説 茨城県の山

―酒井 國光

茨城県には高い山は存在しない。最高峰の八溝山《やみぞさん》ですら1022メートルである。しかし、1300年も前にまとめられた『常陸国風土記』には、県を代表する筑波山《つくばさん》を「筑波岳《つくはのやま》は、往き集ひ歌ひ舞ひ飲《さけの》み喫《ものくら》ふこと、今に至るまで絶えず」と記されている。現在でも、訪れる者をいつでも親しみを込めて温かく迎えてくれるのが、首都圏近郊に位置する茨城県の山なのである。

●茨城県の山系

県の地形は、北部の山地と南部の平野に二分される。山地は県の総面積の3分の1を占めており、東部の阿武隈《あぶくま》高地と西部の八溝山地に分かれる。さらに阿武隈高地は里《さと》川を境に多賀《たが》山地と久慈《くじ》山地に、八溝山地は八溝山塊、鷲子《とりのこ》山塊、鶏足《けいそく》山塊、筑波山塊に分かれている。

●多賀山地　宮城県より茨城県日《ひ》立《たち》市西方まで続く阿武隈高地南部の茨城県の部分をいう。西は久慈川の支流の里川、東は太平洋にはさまれている。地勢は、北部が高く南部が低く、栄蔵室《えいぞうむろ》、花園山《はなぞのさん》、土岳《つちだけ》、竪破山《たつわれさん》、神峰山《かみねやま》、高鈴山《たかすずやま》などが連なっている。山地の傾斜は西の里川側は急であるが、太平洋側は穏やかで、道路もよく整備され、ハイキングに適している。

●久慈山地　久慈川と里川にはさまれた広い範囲であり、山田川の谷を境にして西の「男体《なんたい》山地」と東の「東金砂《ひがしかなさ》山地」に区分することができる。男体山地は、北より生瀬富士《なませふじ》、男体山、籠岩山《かごいわやま》などが連なり、県内では最も起伏量の大きい山地となっている。山地の突出部には、男体山火山角礫岩（以降角礫岩）と東金砂礫岩層の地層が分布し、西・南両端には断崖絶壁を伴っている。この地形的特徴のため昔は厳しい修験道の行場であり、「大円地《おおえんち》」などの地名が残されている。

●八溝山塊　茨城県、栃木県、福島県にまたがり、盟主は県の最高峰・八溝山である。それより尾根続きの高笹山《たかざさやま》、大神宮山《だいじんぐうやま》などが知られている。しかし、これら数座以外はほとんど登山道もなく、訪れる登山者もいない。

信仰の山であった八溝山も頂上直下まで林道ができ、「八溝五水巡り」など観光の山に変化している。

●鷲子山塊　八溝山塊よりも開析《かいせき》が進み、北部が高く南部ほど低くなる傾向にある山々からなっているが、登山の対象となる山は少ない。この山塊においても、地形や地質から見て八溝山塊同様、スギやヒノキなどの針葉樹の生育に適した地域であり、県内で最も森林資源の豊富なところである。

●鶏足山塊《けいそくさんかい》　西部の栃木県境付近は、鶏足山、仏頂山《ぶっちょうざん》、高峯《たかみね》などの標高400～500メートルの山並みが続いており、一方、東部は200メートル前後の穏やかな山地となってい

富士山と並び称される筑波山
（左・男体山、右・女体山）

5月、つつじヶ丘より満開のツツジ越しに見る奥久慈の盟主・男体山。左は別名・女体山ともいわれる長福山

る。南部は、桜川《さくら》と涸沼川《ひぬま》による浸食が進み、筑波山塊との間に岩《いわ》瀬《せ》盆地、羽黒《はぐろ》盆地、笠間《かさま》盆地が発達している。

●筑波山塊　この山塊は「水郷《すいごう》筑波国定公園」と、「吾国愛宕《わがくにあたご》県立自然公園」の2つに指定されている。いずれも豊かな自然が残されている山岳地帯の公園として多くの人々が訪れている。筑波地域はほぼ南北に、筑波山、足尾山《あしおさん》、加波《かば》山《さん》などが山脈状に連なっている。吾国愛宕地域には、吾国山、難台《なんだい》山《さん》、愛宕山などの山々が連なっている。

●山々の四季

春　木々の越冬芽が膨らむ早春、ひっそりと己の生命を表現するスプリング・エフェメラル（はかない春の命）――その代表・カタクリの群生地が筑波山にある。平常は4月中旬、可憐な花を咲かせ、吾国山、水戸市内原《うちはら》、御前山《ごぜんやま》山麓からしだいに北へ、高みへと移り、八溝山頂近くで見られるのは5月初旬である。

ニリンソウの群落も筑波山で見られ、奥久慈の男体山でも楽しめる。スズランの群生地は難台山中腹に、イワウチワの白やピンクの花も花貫《はなぬき》渓谷上部の山々や盛金富《もりがねふ》士《じ》周辺で見られる。

サクラは日本の国花。県内いたるところで楽しめるのであえて言及しない。ヤマザクラとなると雪《ゆき》入山《いりやま》、高峯《たかみね》、奥久慈の沓掛《くつかけ》峠がおすすめである。それらの地域では住民を中心に、ボランティアの人々が長い地道な活動をしている。

初夏　新緑の彩りの代表はブナ類であろう。八溝山中腹の美林もすばらしいが、県北まで遠出をしなくても、筑波山でも充分に堪能できる。半日歩き回ったら体中が濃緑色に染まってしまうほどだ。県北では花園神社周辺のアズマシャクナゲや亀谷《かめや》地《ち》湿原のミズバショウも見逃せない。

夏　標高が低いだけに夏山は不利なコースも多い。気温や湿度が高く、下草が生い茂り、虫が多いなどが理由で、コース選びは慎重にしたい。しかし、深緑色の森林を

茨城県の名勝ナンバーワンの袋田の滝

わたってくる涼風は心地よい。足もとの花々は種類も多く、図鑑などを持参したら時間を忘れてしまうだろう。

秋　自然林が色づく紅葉の時期、山全体が燃える奥久慈・男体山は、岩場が屹立する西側もすばらしいが、竜神《りゅうじん》川源流部もすすめたい。また、八溝山中腹以上の、植林地が大部分を占める中の自然林の紅葉も見逃しがたい。

冬　県内の冬の風物詩というと、氷瀑と化した袋田《ふくろだ》の滝と久慈川の「しが」である。

後者は、川底の小砂利に凍りついた氷の小片が浮上して流れるもので、気温が上昇すると消滅してしまう。最近は暖冬のためか、見る機会が少なくなる傾向にある。

冬の自然林は一面の枯れ色、よく晴れた冬空の下では淡い古代紫にも見える。木々の隙間から遠近の山を透かし見、落ち葉を踏み分けて登る、冬の茨城県の低山歩きは最高である。

●山々を取り巻く現状

●茨城県の山は低山・里山であるが故に、人工的な植林地が多い。これは明治政府以来の国の林業政策に沿ったものである。先の大戦中から戦後にかけて、ほとんど伐採されたが、昭和20年代後半には林野の復興がほぼ果たされた。以来70年あまり、全山緑に覆われていた県内の山で、今大規模な伐採が進行中で、山の景観が一変しているところも多い。

●山の変貌もさることながら、山へ入る交通手段の変化も深刻である。特にバス路線の廃止は重大である。たとえば、筑波山のつくば市側は「つくばエクスプレス（TX）」の開業、シャトルバスの運行で便利になった。反面、その先の桜川市側のバス路線は一時廃線となったこともあった（現在は筑波山口と桜川市役所岩瀬庁舎間で運行されている）。

県北の山間地帯のバス路線は、平日朝夕の通学時間帯のみ細々と運行されているが、土・日曜、祝日は運休で、登山に利用できるものは極めて少ない。マイカー利用の登山が多くなる、というよりマイカーでなければ登山できない時代になってきている。

それに比し、林道は網の目のように広がっている。特に県北では山間部に居住している住民も多く、林道はそれらの人々の生活道路を兼ねてもいる。さらに、大子《だいご》町《まち》の山間部を走るパノラマライン（奥久慈林道）のように、茨城県有数の山岳景観美を誇る男体山と周辺地域の振興を図るために開設された林道も多く、整備は行き届いている。これらをできるだけ利用して山行計画を立てたい。

●山を舞台として行われるアウトドアースポーツは、登山やハイキングだけではない。昨今、トレイルランニングやマウンテンバイクも盛んである。

茨城県ではじめての本格的なトレイルレース「OSJ奥久慈トレイルレース50K」が2009年4月にはじまった。袋田の滝新観瀑台のオープンを記念して開催されたこのレースは、高低差の激しい過酷なもので、奥久慈のほとんどの登山道が競技の場となっている。

また、トレイルランニング大会は御前山周辺、雪入山周辺でも行

上：シャクナゲ　下：イワウチワ

われ、盛況を呈している。

　登山道にもマウンテンバイクが侵入してきているし、高峯には専用レインがあり、従来の登山道を縫うように設営されている。レインは個人所有の土地だそうで、登山者は歩行注意ないしは進入禁止という。また、雪入山周辺には冬場に雪を避けて東北地方の若者が集まってきている。この人たちのマナーのよさには驚いている。

＊

　ある民間企業の調査によると、茨城県は長い間「魅力度最下位県」だった。山にしても、超有名な東京スカイツリー（634㍍）より標高の高い山は22座だけである。それらは筑波山以外ではほとんど知られていない山だ（玄人は別ではあるが）。本書のコース選定では、実際に自分の足で登ってみて「登山として1日充実した時間がすごせたな」ということを第一とした。

　筆者は若い時から夏冬を問わず谷川岳の岩場や槍・穂高での登攀、冬の黒部川の横断、挙句は海外の高峰などを登ってきた。岩と氷の世界にどっぷりと浸かり、身も心も疲れて帰った後は、必ず郷土の低山に向かった。山々は温かく迎えてくれ、癒されて、次の困難に立ち向かう勇気を頂いた。お蔭様で70余年間、ほとんど病気・怪我もせず登山をし続けることができた。そんな「我が郷土の山々に感佩《かんぱい》」し、本書をお届けする。

東金砂神社付近を駆け抜けるトレイルレース

本書の使い方

■日程　東京など首都圏北東部を起点に、アクセスを含めて、初級クラスの登山者が無理なく歩ける日程としています。

■歩行時間　登山の初心者が無理なく歩ける時間を想定しています。ただし休憩時間は含みません。

■歩行距離　2万5000分ノ1地形図から算出したおおよその距離を紹介しています。

■累積標高差　2万5000分ノ1地形図から算出したおおよその数値を紹介しています。は登りの総和、は下りの総和です。

■技術度　5段階で技術度・危険度を示しています（茨城県の山の場合は3段階が最高ランク）。は登山の初心者向きのコースで、比較的安全に歩けるコース。は中級以上の登山経験が必要で、一部に岩場やすべりやすい場所があるものの、滑落や落石、転落の危険度は低いコース。は読図力があり、岩場を登る基本技術を身につけた中～上級者向きで、ハシゴやクサリ場など困難な岩場の通過があり、転落や滑落、落石の危険度があるコース。は登山に充分な経験があり、岩場や雪渓を安定して通過できる能力がある熟達者向き、危険度の高いクサリ場や道の不明瞭なやぶがあるコース。

■体力度　登山の消費エネルギー量を数値化することによって安全登山を提起する鹿屋体育大学・山本正嘉教授の研究成果をもとにランク付けしています。ランクは、①歩行時間、②歩行距離、③登りの累積標高差、④下りの累積標高差に一定の数値をかけ、その総和を求める「コース定数」に基づいて、10段階で示しています。が1、が2となります。通常、日帰りコースは「コース定数」が40以内で、～（1～3ランク）。激しい急坂や危険度の高いハシゴ場やクサリ場などがあるコースは、これに～（1～2ランク）をプラスしています。また、山中泊するコースの場合は、「コース定数」が40以上となり、泊数に応じて～もしくはそれ以上がプラスされます。紹介した「コース定数」は登山に必要なエネルギー量や水分補給量を算出することができるので、疲労の防止や熱中症予防に役立てることもできます。体力の消耗を防ぐには、下記の計算式で算出したエネルギー消費量（脱水量）の70～80㌫程度を補給するとよいでしょう。なお、夏など、暑い時期には脱水量はもう少し大きくなります。

	時間の要素	距離の要素	重さの要素
行動中のエネルギー消費量（kcal）＝	1.8×行動時間（h）＋	0.3×歩行距離（km）＋10.0×上りの累積標高差（km）＋0.6×下りの累積標高差（km）	×体重（kg）＋ザック重量（kg）
	山側の情報	―「コース定数」	登山者側の情報

＊kcalをmlに読み替えるとおおよその脱水量がわかります

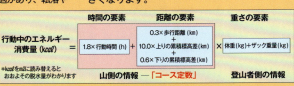

01

筑波山 ① 乗物利用

つくばさん
877m

富士山と並び称された関東の名山で、心ゆくまでリフレッシュ

日帰り

歩行時間＝1時間10分
歩行距離＝2km

技術度 ■□□□□
体力度 ■□□□□

コース定数	＝5
標高差	＝167m
累積標高差	↗247m ↘122m

筑波山の恵みをうけて今年も稲穂がたわわに実る。右・女体山、左・男体山

筑波山神社拝殿。軒下の大鈴にハート型の切れ込みがある。見つけると縁結びの神様のご利益があるかも…

関東平野に孤高の姿でそびえたつ筑波山は、山肌の色が、朝は藍、昼は緑、夕は紫と表情を変えることから紫峰《しほう》とよばれている。古来、「東の筑波、西の富士《ふじ》」と並び称され、その秀麗な双耳峰は昔から関東の名山として尊崇されてきた。

造山の歴史は富士山や日光《にっこう》の山より古い。山体は古生層に貫入した花崗岩で構成され、硬い斑レイ岩を閉じ込めて隆起し、浸食によって特徴的な現在の形になった。

「天地開闢《かいびゃく》以来」という言葉があるように、筑波山の信仰は山そのものを崇める自然な形としてはじまったと思われる。山そのものを御神体としているため、本殿は山の上にある。男体山《なんたいさん》山頂には男体山御本殿《ごほんでん》があり、筑波男大神《おのおおかみ》として伊弉諾尊《いざなぎのみこと》が祀られている。徳川家康公は、筑波山が江戸城から見て鬼門にあたることから、鬼門封じの神として崇め、筑波山中禅《ちゅうぜん》寺《じ》を祈願所として定めたため、御本殿の方向は江戸城を向いている。

女体山《にょたいさん》山頂には女体山御本殿があり、筑波女大神《めのおおかみ》として伊弉冉尊《いざなみのみこと》が祀られている。この御本殿は男

■鉄道・バス

往路＝TXつくば駅のA3出口外のつくばセンター①乗場から直行筑波山シャトルバスで約36分、筑波山神社入口で下車。または、JR常磐線土浦駅から筑波山口行きのバスで約55分、終点のひとつ手前の沼田で上記シャトルバスに乗り換え。なお、筑波山口と沼田バス停間の距離は約200メートルである。

復路＝つつじヶ丘始発の上記シャトルバスを利用する。

■マイカー

常磐自動車道を土浦北ICで降り、国道125号、県道14号、県道42号と約20キロ走り、筑波山神社周辺の有料駐車場を利用する。市営のほかにも、神社、みやげ店の駐車場がある。北関東自動車道を桜川筑西ICで降りた場合は、国道50号、県道41号、県道42号と約29キロ走り右記駐車場へ。

■登山適期

茨城県内では筑波山ほど四季を通じて楽しめる山はないといえる。それぞれの時季に訪ねてほしい。

■アドバイス

▽つくば市からも各種のパンフレットが出ているので、取り寄せて参考にしてほしい。

▽TX、シャトルバス、ケーブルカー、ロープウェイの乗車券がセットになった「筑波山きっぷ」が格安。キップを提示すると食事処やみやげ

女体山山頂からの眺望。左手遠くに霞ヶ浦、中景中央やや右の山頂に鉄塔があるのは宝篋山

↑男体山・女体山間のトウゴクミツバツツジ

←男体山と女体山の間が御幸ヶ原。シーズンには多くの観光客でにぎわう

体山御本殿を向いている。なお、御本殿裏には日本神話による天上界と地上をつなぎ、伊弉諾尊、伊弉冉尊の両神が降臨されたところとされる天浮橋《あめのうきはし》がある。

筑波山は山全体が神域として保護されてきたため、山中にはさまざまな植物が生息しており、植物研究の宝庫としても有名である。四季折々の自然を満喫しながら、登山やハイキングが楽しめる県内で最も人気のある山である。特に、2005年に、都心の秋葉原《あきはばら》からつくば学園都市の中心部まで、つくばエクスプレス（略称TX）が開通したため、現在では日本で最も訪れる人の多い山のひとつになったといっても過言ではない。

筑波山神社入口バス停でシャトルバスを下車すると、1979年に建立され筑波山神社のシンボルである赤塗りの大鳥居が目に飛び込んでくる。参道にはみやげ店やホテルが建ち並んでいる。

石の鳥居をくぐって神社に入ると、正面に御神橋《ごしんきょう》があり、御座替祭《おざがわりさい》と年越祭《としこしさい》の日のみ渡橋が許される。左手に手水舎《てみずしゃ》があるので、神社参詣の仕来りにしたがって手と口を清めたい。随神門《ずいしんもん》をくぐり、急な石段を登ると筑波山神社拝殿に出る。山での安全を祈願してお参りするが、口碑に「神社の沙汰も金次第」があるのでお賽銭は奮発しよう。

ケーブルカーの**宮脇駅**は左手階段の上で、20分ごとの発車である。車中で筑波山についての簡潔な説明がなされる。

筑波山頂駅を出ると目の前が**御《み》幸《ゆき》ヶ原《はら》**で、数軒の食堂を兼ねたみやげ店が軒を連ねる。シーズンには幼稚園児、小・中学生がお弁当

店でお得な特典も受けられる。つくば駅を除くTXの案内カウンターで発売している。

▽神社周辺のトイレは、バス停付近、神社拝殿からケーブルカー駅途中左手、ケーブル駅、市営駐車場などにある。

■問合せ先

つくば市総合案内所☎029・879・5298、筑波山観光案内所☎029・866・1616

■2万5000分の1地形図

筑波

↑女体山御本殿裏の天浮橋は2009年4月20日に28年ぶりに通行可能となった

←ロープウェイは女体山駅とつつじヶ丘駅間、全長1296メートル、高低差298メートルを約6分で結ぶ

を広げている。まず西の**男体山**に詣で、戻って女体山に向かう。途中の見所は、紫峰杉《しほうすぎ》、横瀬夜雨《よこせやう》の歌碑、セキレイ石、ガマ石、シーズンにはカタクリ、トウゴクミツバツツジ、ヤマユリなど、枚挙に暇がない。

女体山からの眺望は360度で、遠く太平洋までも広がる。足もとの三角点は明治11(1878)年に選点《せんてん》された1等三角点である。天浮橋を渡ってからロープウェイの**女体山駅**に向かう。ロープウェイからの眺望もすばらしい。**つつじヶ丘**からはつくばセンター行きの始発バスが出ているので、ゆっくり座って帰れる。

CHECK POINT

1

1979(昭和54)年に建立された大鳥居は、高さ17メートル、柱の太さ1.5メートル、柱と柱の間が15メートルある

2

御神橋は毎年春秋の御座替祭(4月1日と11月1日)と年越祭(2月10日、11日)の時、渡橋が許される

3

ケーブルカーは宮脇駅と筑波山頂駅を約8分で結ぶ。中間地点ですれ違いが見られる

4

「力士は力の士(さむらい)なり」の名言を残し、角聖と称えられた名横綱、常陸山谷右衛門の手形の碑

5

男体山御本殿は南の江戸城の方角を向いているが、古くは女体山御本殿と向き合っていたといわれる

6

旧山階宮筑波山観測所で、現在は、筑波山神社と筑波大学計算科学センターの共同気象観測所である

7

紫峰杉は2006年から公開された筑波山神社の御神木。高さ約40メートル、幹周り約7メートル、推定樹齢800年

8

御幸ヶ原の東にカタクリの群生地があり、毎年「カタクリの花まつり」が行われている

9

横瀬夜雨の詩碑。「お才」の第一連、「女男(ふたり)居てさえ筑波の山に　霧がかかれば寂しいもの」とある

10

ガマ石の口に、後ろ向きで小石を投げ、入るとご利益があるといわれている

11

1916(大正5)年に再建された女体山御本殿は、1955(昭和30)年に再建された男体山御本殿の方を向いている

12

つつじヶ丘はTXつくば駅行きシャトルバスの始発駅になっている

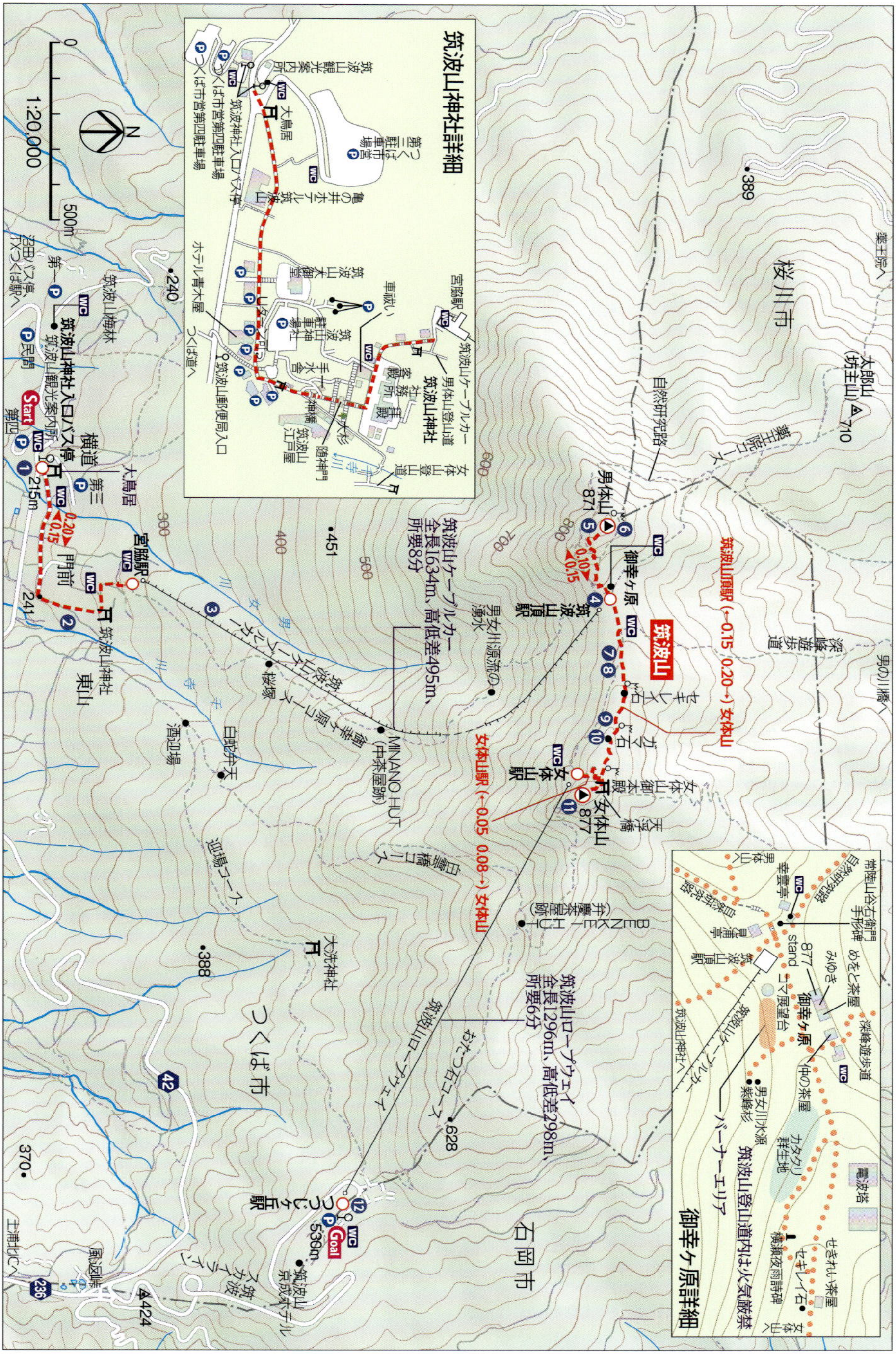
筑波山神社詳細
御幸ヶ原詳細
1:20,000
0
500m
N
筑波山
男体山
871
女体山
877
御幸ヶ原
筑波山頂駅
女体山駅
宮脇駅
つつじヶ丘駅
530m
筑波山神社入口バス停
215m
Start
Goal
筑波山神社
筑波山ケーブルカー
全長1634m、高低差495m、
所要8分
筑波山ロープウェイ
全長1296m、高低差298m、
所要6分
筑波山頂駅（←0.15 0.20→）女体山
女体山駅（←0.05 0.08→）女体山
桜川市
つくば市
石岡市
太郎山（坊主山）
710
自然研究路
薬王院コース
深峰遊歩道
男の川橋へ
セキレイ石
ガマ石
女体山御本殿
天浮橋
白雲橋コース
迎場コース
おたつ石コース
弁慶茶屋跡
BENKEI HUT
MINANO HUT（中茶屋跡）
男女川源流の湧水
白蛇弁天
酒迎場
桜塚
大鳥居
門前
東山
筑波山梅林
筑波山観光案内所
240
241
451
388
389
628
370
424
42
236
300
400
500
600
700
800
筑波山京成ホテル
筑波山江戸屋
つくば市営第四駐車場
ホテル青木屋
つくば道へ
筑波山郵便局入口
随神門
筑波山登山道
男体山登山道
筑波山登山道内は火気厳禁
パーナーエリア
カタクリ群生地
御幸ヶ原
コマ展望台
筑波山頂駅
せきれい茶屋
セキレイ石
電波塔
女体山へ
男体山へ
筑波山神社へ

02 筑波山 ②御幸ヶ原コース

つくばさん 877m

男体山の表登山道ともよばれる最もポピュラーなコース

日帰り

歩行時間＝4時間
歩行距離＝6km

技術度 ★☆☆☆☆
体力度 ★☆☆☆☆

コース定数＝**18**
標高差＝662m
累積標高差 ↗782m ↘782m

女体山より男体山を見る。山頂には左から男体山御本殿、旧山階宮筑波山観測所、電波塔

通称御幸《みゆき》ヶ原《はら》コースとよばれ、筑波山の登山道の中で最もポピュラーなものである。古くは男体山《なんたいさん》の表登山道であり、登山口には「是《これ》より男體山」と書かれた「男体山道道標」と「男体鳥居」がある。

コース中盤には、スギやブナの巨木が林立し、筑波山中最も深山の荘厳さを感じさせる。また、小倉百人一首の陽成院の歌「筑波嶺の峰よりおつるみなの川こひぞつもりて淵となりぬる」で知られる男女川《みなのがわ》の清水など、豊かな自然を感じさせる場所もある。

御幸ヶ原コースのスタートは**筑波山神社**である。神社からケーブルカー乗り場に向かう途中左にトイレがある。右折してすぐに件《くだん》の男体山道標石と鳥居があり、鳥居のすぐ下には、最近萬葉《まんよう》公園の碑

■鉄道・バス／■マイカー
⑪筑波山（10ページ）を参照。

■登山適期
四季を通じて楽しめるコースなので、それぞれの時季に訪れてほしい。

■アドバイス
▽コース上には御幸ヶ原までの現在地を確認する標識がA-0からA-8まで置かれている。ちなみに男女川源流の湧水の場所はA-6である。
▽最近になって、筑波山登山道に新たな道標が追加された（左写真）。つくばトレイルガーディアンズによるもので、QRコード付き。御幸ヶ原コースは1-0からはじまる。

▽毎年4月1日、11月1日に行われる筑波山神社の「御座替祭」には、勇壮な時代絵巻が展開される。
▽筑波山山中は全面的に火気厳禁となり、御幸ヶ原の一角にバーナーエリアが設けられた。厳守したい。
▽筑波山には温泉がある。神社近辺の筑波山江戸屋☎029・866・0321、筑波山ホテル青木屋☎029・866・0311、亀の井ホテル筑波山☎029・866・1111は日帰り入浴可能。屋上露天風呂もあり眺望がすばらしい。

筑波山神社脇の紅葉

が立てられた。『万葉集』には筑波山を詠んだ歌が25首あり、神社境内にはそのすべての歌碑が立てられている。

木の根っ子が浮き出した登山道はしだいに急になり、ひと登りすると標高約４００メートルのところに円

■問合せ先
つくば駅前観光案内所☎029・879・5298、筑波山観光案内所☎029・866・1616、関鉄バスつくば北営業所☎029・866・0510

■2万5000分の1地形図
筑波

御幸ヶ原より男体山を見る

コース上部にあるスギの巨木地帯

御幸ヶ原コース上部（標高750メートル付近）のニリンソウ群落

筒状の碑がある。ここが桜塚《さくらづか》である。もともと一帯はサクラが多いところで、昔、男女の出会いを願い、麓から小石を携えて登り、木の根元に置くという風習があったという。その積まれた小石の山から桜塚といわれるようになったと碑には記されているとか。

さらに登ると、コースのほぼ中間地点となる広場に出る。以前に中茶屋《なかのちゃや》があった場所で、現在は**MINANO HUT**（あずまや）が立っている。すぐ横で上り下りのケーブルカーがすれ違う場面が見られる。

ケーブルカーは長さ118メートルの長峰《ながみね》トンネルをくぐり、登山道はその上を跨ぐことになる（標高600メートル）が、その手前が最も急坂である。2011年3月11日の東日本大震災の折、岩石の崩壊があり、下山中の登山者が巻き込まれ命を落としたので注意したい。

トンネルを跨ぐと下りになり、このあたりから直径1メートル以上もあるスギの巨木が多くなる。しばらく登ると**男女川源流の湧水**で、陽成院の歌の説明板があり、ベンチも設えられている。

男女川からしばらく登ると傾斜が急になり、階段道が長く続くようになる。標高700メートル以上になるとブナが目立ち、早春にはニリンソウの群落が見られる。

右手からケーブルカーの音が聞こえてくるとまもなく**御幸ヶ原**である。多くの茶屋があり、登山者、観光客でにぎわっている。西の峰が男体山、東が女体山《にょたいさん》で、北には加波山《かばさん》、遠くは日光《にっこう》、那須《なす》連山までも望める。

男体山へは2つの茶屋の間の階段を登る。頂上直下の岩場は登山者の靴で磨かれ滑りやすい。山頂には御本殿と御札授与所があり、南側と西側の眺望がすばらしい。天気によってはつくば学園都市、さらには東京都心、遠く富士山までも見えることがある。

下山路は**女体山**を越して白雲橋《しらくもばし》コース（18ページ参照）を想定している。

御幸ヶ原より男体山への登山道。写真は上から下を見下ろしている

西側より見た男体山。女体山が右にかすかに頭を出している。男体山左斜面中腹の山は太郎山

CHECK POINT

1 神社拝殿から男体山登山口・ケーブルカー駅へ向かう道の最初の階段左手にトイレがある

2 男体山道道標や男体鳥居など、豊かな自然に囲まれて、古の名所・旧跡が筑波山には数多く点在している

3 根っこが露出した道が痛々しい。自然保護の見地から、登山道以外は踏みこまないようにしたいものだ

4 現在、桜塚の碑の文字の判読は難しい。小石を置く風習は今も続いているようだ

5 中茶屋跡にはあずやまのMINANO HUTがあり、休憩に最適。すぐ横でケーブルカーがすれ違う

6 ケーブルカーのすれ違い。赤色が「もみじ号」、緑色が「わかば号」だ

7 急坂の応急処置はしてあるが、慌てず、急がず、ゆっくりと、しかし、止まることなく通過したい

8 巨木地帯は筑波山中最も深山の趣が深い。「これが筑波山中か」と驚く人が多い

9 男女川源流の湧水は飲用も可能で、柄杓も用意されているので、のどを潤したい

10 このコースには「A-0」から「A-8」の現在地確認標識が置かれている

11 階段道は雅語的な表現をすると「丸太の階（きざはし）」となるが、歩幅が合わず大変疲れる箇所だ

12 御幸ヶ原より男体山へは300メートル、雑木林の中から岩場を登るが、靴で踏まれた石は滑りやすい

03

筑波山③白雲橋コース

巨岩・怪石めぐりが楽しめる女体山への表登山道

つくばさん
877m

日帰り

歩行時間＝4時間
歩行距離＝6km

技術度
体力度

コース定数＝17	
標高差＝662m	
累積標高差	782m / 782m

↑女体山から男体山方面を望む。玉石垣が並び、右は女体山御本殿、奥に電波塔が並ぶ

北斗岩手前のブナ林は新緑が実に美しい（筑波山中第一と筆者は推薦する）

白雲橋《しらくもばし》コースとよばれる女体山《にょたいさん》への表登山道で、筑波山神社から酒迎場《さかむかえば》分岐、弁慶《べんけい》茶屋跡（現在はあずまやのBENKEI HUTが建つ）を経て頂上へ向かう。神社からそこまでのルートは、巨木、植物や野鳥類との出会いなど豊かな自然を楽しむことができる。

■鉄道・バス／■マイカー
⑪筑波山（10ページ）を参照。

■登山適期
四季を通じて楽しめるコースだが、中腹のブナ林が美しい新緑のころに訪れることをおすすめする。

■アドバイス
▽コース上には酒迎場から女体山までの現在地を確認する標識がB−0からB−7まで置かれている。
▽トイレ（8カ所）の位置は13ページの地図を参照のこと。
▽マイカー利用の場合の立ち寄りスポットとしては、国土地理院の地図と測量の科学館（つくば市北郷）☎029・864・1872をおすすめする。登山を志す者一度は訪れたいものである。

■問合せ先
関東鉄道つくば北営業所☎029・866・0510、筑波山観光案内所☎029・866・1616

■2万5000分の1地形図
筑波

さらに頂上までのルートは奇岩・怪石スポットで、かの武蔵坊弁慶もくぐるのを躊躇したといわれる弁慶七戻り《ななもど》、古事記の神話に登場する高天原《たかまがはら》、二艘の船が港に出入りする姿に見立てた出船入船《でふねいりふね》、天に向かってそそり立つ北斗《ほくと》岩、大

↑母の胎内くぐりは筑波山禅定の行場のひとつで、岩の下をくぐれる。子宝や安産などの信仰を集めている

←出船入船は横長の大きな２つの石が、出船と入船のように見える

←北斗岩は天にそびえ立つ岩で、石の下に三角の穴があり通り抜けられる

←大きな袋を担いだ大黒様の後ろ姿のように見えることから、裏面大黒といわれる

↑国割り石は神様が集まり石に線を引き、神々が行くべき地方を割り振った石

←屏風岩。登山道から左へ入った先にある

仏さんの横顔にそっくりな大仏岩などが点在している。

距離は長いが、変化に富んだ筑波山の魅力を充分に堪能できるコースである。なお、下りは男体山を往復して御幸《みゆき》ヶ原《はら》コース（10ページ参照）を想定している。

筑波山神社拝殿の東にある赤宮《あかみや》といわれる春日《かすが》神社・日枝《ひえ》神社の脇から車道に下りる。すぐ白雲橋で渡るのが千寺《せんじゅ》川で、筑波山千寺川砂防堰堤群は土木學會推薦土木遺産に認定されている。

「是より女體山」と書かれた女体山道道標を左に見て、女体鳥居をくぐる。ここにも萬葉公園迎場万葉古路の石碑が立つ。登山道は筑波山の森（神社林）の中を進み、**酒迎場**で左へ白雲橋コースをとる。

白蛇弁天《はくじゃべんてん》をすぎるとスギの大木、アカガシ、各種落葉樹などで昼間でもほの暗い道となる。特に右手の斜面を埋めるアカガシの純林はみごとである。ロープウェイの下をくぐるとまもなく**BENKEI HUT**で、右手からおたつ石コースが合流してくる。ここからが奇岩・怪石スポットで、ひとつひとつ形の違う岩、名前のついたもの、無名のものそれぞれに往古からのいわれがある。名前のある石には説明板もあるのでわかりやすい。

　また、このコースの見どころのひとつは、裏面大黒付近から北斗岩間に広がるブナ林だ。新緑のころは特に美しく、体中が緑に染まってしまうと感じるほどである。

女体山山頂からの眺望。条件がよければ夏でも遠く富士山が見える

女体山のヤマキマダラヒカゲ

　大仏岩をすぎると登山道は傾斜を増し、登山靴で磨かれた斑レイ岩は滑りやすいので、慎重に行動しよう。

　女体山山頂からの眺望は360度といいたいほどすばらしく、霞《かすみ》ヶ浦《うら》から遠くは太平洋まで見わたせる。足もとには1等三角点が置かれている。

CHECK POINT

1 千寺川の砂防堰堤群は、1938（昭和13）に発生した土砂災害を機に24基造られた

2 1860（万延元）年に造立された女体山道道標には「是より女體山」と書かれている

3 女体鳥居の脇には「萬葉公園迎場万葉古路」の標柱がある

4 筑波山の森（神社林）は、森林ボランティア「つくば元気森守の会」により整備されている

5 このコースには「B-0」から「B-7」の現在地確認標識が置かれている

6 白蛇弁天は、ここに白蛇が棲み、これを見た者は財をなすといわれている

7 アカガシの林は女体山までの現在地確認標識B-2を過ぎたあたりから右手が最も美しい

8 白雲橋コースとおたつ石コースの合流点が弁慶茶屋の跡地で、現在はあずまやのBENKEI HUTが建つ

9 弁慶七戻りは古来「石門」といい、聖と俗を分ける門と考えられていた

10 大仏岩は女体山直下にあり、下から見上げると大仏が座った姿に見える

11 女体山直下の岩場は登山者の靴に磨かれ滑りやすいので慎重に行動したい

12 女体山山頂の三角点は1878（明治11）年に内務省地理局によって選定された1等三角点である

＊コース図は15㌻を参照。

04

筑波山 ④ 迎場・おたつ石コース

迎場コースからおたつ石コース・白雲橋コースをつなげて女体山へ

つくばさん 877m

日帰り

歩行時間＝4時間40分
歩行距離＝8㎞

技術度

体力度

コース定数	＝19
標高差	＝662m
累積標高差	↗ 799m ↘ 799m

↑迎場コース上部のモミの大木
↑つつじヶ丘高原のあずまや付近を登る登山者

迎場《むかえば》コースとは、白雲橋《しらくもばし》コース（18ページ参照）の酒迎場《さかむかえば》分岐からつつじヶ丘を結ぶ、距離約1・6キロ、標高差約190メートル、傾斜の緩やかなコースである。スギやアカマツなどの針葉樹が多く、森林浴やハイキングに向いている。近年、「萬葉公園迎場万葉古路」として整備され、筑波山を詠んだ歌の歌碑が立ち、万葉集に出てくる植物が植えられた。

おたつ石コースは、つつじヶ丘から白雲橋コースの途中のBENKEI HUTまでの短いコースで、距離約1キロ、標高差約200メートルである。春のツツジをはじめとして花の多いルートである。なお、「おたつ」とはガマガエルのことで、つつじヶ丘にはガマランドもあった（閉園）。

つつじヶ丘に県営の駐車場があるので、それを利用しておたつ石

■鉄道・バス
(01)筑波山（10ページ）を参照。おたつ石コースから頂上を往復する場合は、シャトルバスを終点まで利用する（所要時間約50分）。

■マイカー
(01)筑波山（10ページ）を参照。おたつ石コースから頂上を往復する場合は、つつじヶ丘の県営駐車場を利用する。駐車料は一律500円になった。

■登山適期
四季を通して楽しめるコースだが、おたつ石コースの前半は日陰がないので夏場は厳しい。

■アドバイス
▽迎場コース上には酒迎場からつつじヶ丘まで現在地を確認する標識がD−0からD−4まで置かれている。
▽おたつ石コースにはつつじヶ丘からBENKEI HUTまでの現在地を確認する標識がC−0からC−2まで置かれている。

■問合せ先
関東鉄道つくば北営業所☎029・866・0510、筑波山観光案内所☎029・866・1616

■2万5000分の1地形図
筑波

BENKEI HUTから仰ぎ見る女体山

おたつ石コースはツツジが美しい

弁慶茶屋跡（江戸時代から約270年続いた茶屋は2006年9月に廃業し、現在はあずまやのBENKEI HUTが立つ）

コースから女体山《にょたいさん》を往復する人も多い。

筑波山神社から白雲橋コースを**酒迎場分岐**まで歩く。迎場コースはほとんどが舗装されている。万葉歌碑は全部で6基あるので、ひとつひとつ味わいながらゆっくりと散策したい。

付近は神社林でよく手入れがされている。後半になるとヒノキやモミの大木が目立ってくる。コースの途中にはあずまややベンチもあり、**つつじヶ丘**に出ると、おたつ石コース入口脇に「山野草の小路」がある。

おたつ石コースの登りはコンクリートで固められた道や階段であり、背後から太陽に照らされて苦しい。ひと登りすると傾斜も落ち、高原状になる。ここは「つつじヶ丘高原」で、初夏から秋にかけてアザミ類やオカトラノオ、ワレモコウ、ツリガネニンジンなどの草花が見られる。

このあたりからは露岩が多かったり、コンクリートで固めた道が崩れていたりで歩きにくい。

樹林帯に入り、少し下るあたりからアカガシ、ブナの自然林が広がっている。階段登りになり、オオモミジの大木の上が**BENKEI HUT**で、左手から白雲橋コースが合流してくる。ここの分岐は、登りは問題ないが、下りは迷う人がいるので気をつけたい。

ここからは白雲橋コースの上部を登り、**女体山**、**男体山**《なんたいさん》を踏んで御幸《みゆき》ヶ原《はら》コースを下山する。なお、途中の**御幸ヶ原**では「ガマの油売り口上」が見られることもある。

御幸ヶ原での筑波和弘氏によるガマの油売り口上

風返峠付近から見た筑波山。右が女体山で、山頂へ上がるロープウエイが見えることもある

CHECK POINT

1 女体鳥居からつつじヶ丘までが「萬葉公園迎場万葉古路」として整備されている

2 酒迎場分岐は、神社より約500メートル、標高380メートル付近にある。周囲は神社林でスギやヒノキが植えられている

3 ここの神社林は2012年に、「つくば元気森守の会」が助成金を受けて間伐・下刈りをした

4 コース上には2つのあずまやと多くのベンチがある。これは上のあずまやで、左右に歌碑が立っている

5 「峯の上に降り置ける雪し風の共ここに散るらし　春にはあれども」は筑波山神社元宮司・田中泰一氏の書

6 このコースには「D-0」から「D-4」の現在地確認標識が置かれている

7 つつじヶ丘の迎場コース下り口には筑波山万葉古路の碑が立つ

8 つつじヶ丘は直行筑波山シャトルバスの終点。名称のように数多くのツツジが植えられている

9 このコースには「C-0」から「C-2」の現在地確認標識が置かれている

10 つつじヶ丘高原にはあずまや、ベンチがあり、霞ヶ浦方面の眺望もよく、休憩する人が多い

11 荒れていた登山道は、BENKEI HUTの整備に伴って整備された

12 おたつ石コースにもアカガシの巨木が見られる。BENKEI HUTまではひと登りである

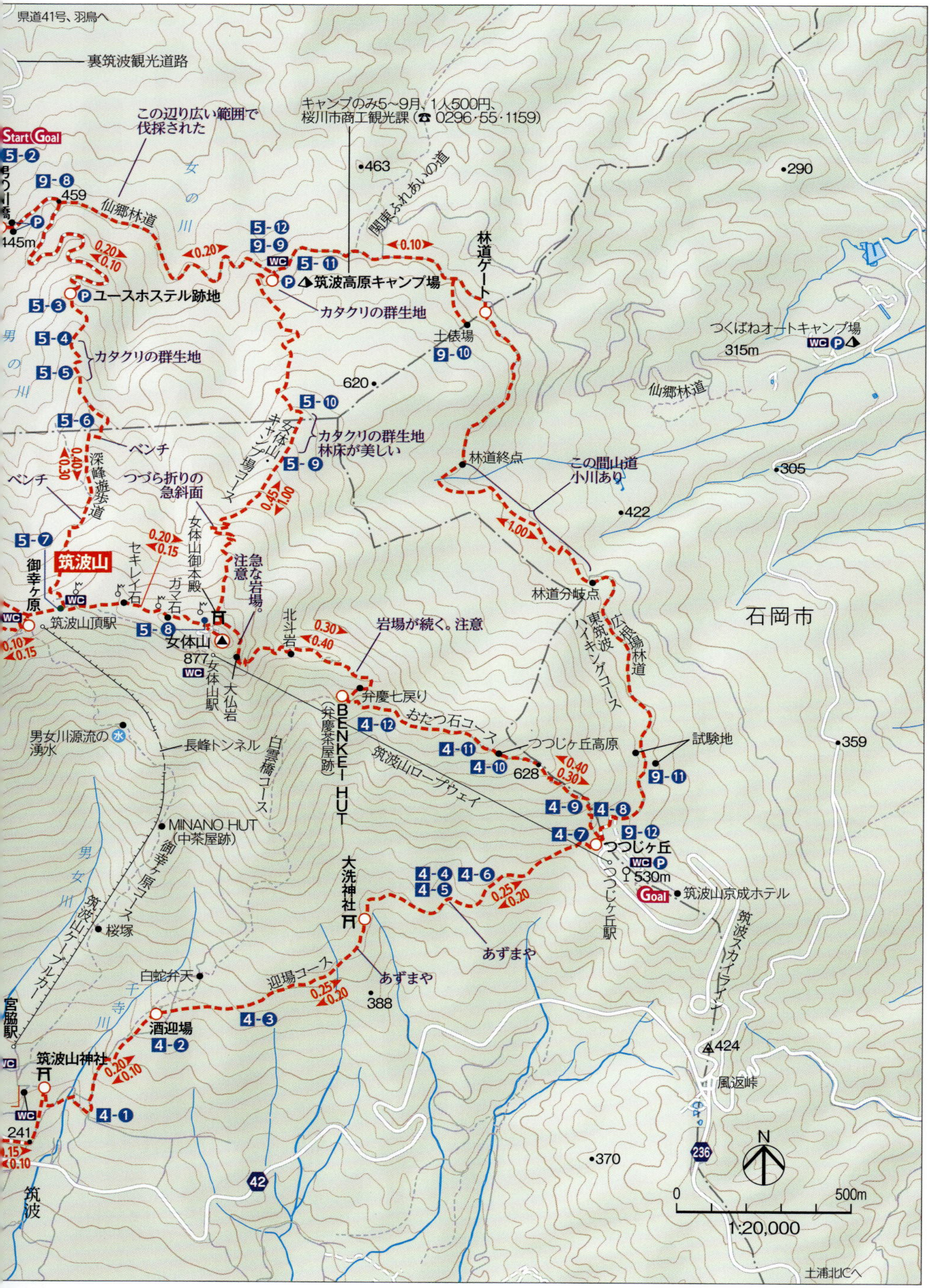

県道41号、羽鳥へ
裏筑波観光道路
この辺り広い範囲で伐採された
キャンプのみ5～9月、1人500円、桜川市商工観光課（☎ 0296･55･1159）
Start Goal
5-2
9-8
459
445m
仙郷林道
女の川
463
関東ふれあいの道
290
5-12
9-9
5-11
筑波高原キャンプ場
林道ゲート
ユースホステル跡地
5-3
カタクリの群生地
5-4
5-5
カタクリの群生地
土俵場
9-10
つくばねオートキャンプ場
315m
仙郷林道
620
5-10
カタクリの群生地
林床が美しい
5-6
ベンチ
女体山・キャンプ場コース
5-9
林道終点
この間山道小川あり
305
深峰遊歩道
ベンチ
つづら折りの急斜面
422
5-7
筑波山
セキレイ石
ガマ石
女体山御本殿
急な岩場。注意
御幸ヶ原
筑波山頂駅
5-8
女体山
877
女体山駅
大仏岩
北斗岩
岩場が続く。注意
林道分岐点
東筑波ハイキングコース
広域農場林道
石岡市
弁慶七戻り
BENKEI HUT（弁慶茶屋跡）
4-12
おたつ石コース
男女川源流の湧水
長峰トンネル
白雲橋コース
4-11
つつじヶ丘高原
試験地
359
4-10
628
9-11
筑波山ロープウェイ
4-9
4-8
MINANO HUT（中茶屋跡）
御幸ヶ原コース
4-7
9-12
つつじヶ丘
530m
大洗神社
4-4
4-6
4-5
Goal
筑波山京成ホテル
つつじヶ丘駅
男女川
筑波山ケーブルカー
桜塚
あずまや
筑波スカイライン
白蛇弁天
あずまや
迎場コース
388
千寺川
宮脇駅
酒迎場
4-3
4-2
424
筑波山神社
風返峠
4-1
241
236
370
42
筑波
N
0
500m
1:20,000
土浦北ICへ

下の小枠の地図に続く
つくし湖
つくし湖調整池
つくし湖駐車場
6-2
薬王院古道
0.20
0.15
酒寄
6-3
不動尊
椎尾山
256
6-7
雑木林の中の道
416
0.25
5-1
9-7
この辺り広い範囲で
伐採された
桜川市
下山時にバスで筑波山口へ
行くには便利。また
筑波山口まで歩くのもよい
薬王院
6-5
6-4
6-6
椎尾山
100
第3（登山者用）駐車場
薬王院コース
0.40
0.30
林道鬼ヶ作線
旧酒寄駅跡バス停へ
このあたり立ち枯れの
木が多い
薬王院コース出合
6-8
6-9
6-10
太郎山
（坊主山）
710
急な階段
薬王院の第1、第2駐車場は
檀家用のため、登山の場合は
第3（登山者用）駐車場を利用する
旧酒寄駅跡バス停（←0.25 0.35→）薬王院
9-5
0.30
0.20
0.10
1.00
0.40
0.45
1.00
三角形の岩
114
車
林道酒寄線出合
林道酒寄線
9-4
389
鬼ヶ作林道出合
9-6
6-11
6-12
薬王院コース分岐
0.20
0.15
この辺り立ち枯れの
木が多い
みかん園
男体山が見える
大石重ね
男体山
自然研究路
男体山御本殿
岩瀬駅へ
岩瀬駅行き
筑波山口行き
紫尾団地バス停
6-1
32m
Start
41
0.15
営業は土・日曜、祝日の
11〜14時
（☎0296・54・2887）
筑波山口バス停へ
52
つくし湖
つくし亭
つくし湖駐車場
6-2
薬王院古道
0.20
0.15
6-3
不動尊
薬王院
6-5
6-4
男体山へ
林道湯袋峠線
試験地
700
600
500
475
400
峠
9-3
1.00
300
222
四季の道
200
桜川筑西IC へ
つくば市
あずまや
9-2
240
梅林第三駐車場連絡歩道
石稲荷
筑波山梅林
0.15
9-1
市営第三駐車場
筑波山おもてなし館
フォレストアドベンチャー・つくば
市営第一駐車場
筑波山神社入口バス停
筑波山観光案内所
筑波山駐在所
Start
Goal
215m
大鳥居
14
つくば霞ヶ浦りんりんロード
下郷
166
42
Start
Goal
250m
TXつくば駅、
二浦北ICへ
沼田バス停
79
西山
神郡へ
筑波山口バスターミナル
土浦北ICへ

05

落葉広葉樹の多い国有林内で、季節に応じた動植物を観察

筑波山 ⑤ 深峰遊歩道〜女体山・キャンプ場コース

つくばさん 877m

日帰り

歩行時間＝2時間30分
歩行距離＝6㎞

技術度
体力度

コース定数＝12
標高差＝432m
累積標高差 558m 558m

キャンプ場上部より加波山方面を望む。中央のどっしりとした山が加波山。右に風力発電がある

以前は「ユースホステルコース」とよばれていたが、ユースホステルの施設は撤去され、跡地は駐車場として利用されている。現在、コース名は「深峰《ふかみね》遊歩道」や「首都圏自然歩道」ともいわれているが、ここでは「深峰遊歩道」として紹介する。このコースは筑波山登山道の中では、旧ユースホステル跡地から御幸ヶ原まで1・2キロと最も短い。落葉針葉樹が多い国有林内を通るので、草花、野鳥とも種類が多い。途中のカタクリ群生地は筑波山中最大規模である。

秋の雑木林。木の間越しにちらちら見えるる稜線がすばらしい

下山路として紹介するコースは「筑波高原キャンプ場コース」や「三本松線」ともいわれているが、ここでは「女体山・キャンプ場コース」とした。このコースも国有林内を通り、コナラやブナなどの落葉広葉樹が多い。早春から晩秋までさまざまな草花や野鳥を見ることができる。

この2つをつなげて登降するルートは、自然に親しみ、静かな筑波山を楽しみたい人向きである。

男《お》の川《かわ》橋付近の駐車地点から**ユースホステル跡地**まで登り、山道に入る。この山道は御幸ヶ原での工事用のキャタピラ付き重機が上がれるようになっている。しばらくすると左手の樹林帯に、春になるとカタクリの一大群生地が展開する。

標高650メートル付近にはベンチがあり、小鳥のさえずりに耳を傾けながらの休憩に最適である。

登山道際に積み重なっている丸太は、重機が登る必要がある時に道を整備するためのものだ。木々につけられた説明板もあり、それらを読みながら登っていくと、道がせばまり階段道となる。建物の屋根が見え、人々の声が聞こえて

深峰遊歩道中腹左手のカタクリ群生地は筑波山最大規模。群生地はほかに御幸ヶ原や筑波高原キャンプ場付近とその上部にもある

■鉄道・バス
往路・復路＝筑波山口からヤマザクラGOを利用することになるが、バス停から登山口まで遠いので、マイカー利用をすすめる。
■マイカー

くると、まもなく**御幸ヶ原**である。**男体山**《なんたいさん》、**女体山**《にょたいさん》と登り、筑波高原キャンプ場へ下る。

下りはじめは背丈ほどのササの中の道で、しばらく下ると右手は植林地、左手は雑木林となる。真新しい道標が出てくるとつづら折りの急下降となり、下った先はこのコース最良の場所で、左手の雑木林がすばらしい。林床には季節になると筑波山中最も色のよいカタクリが咲き誇っていたが……。

植林地を下ると、筑波高原キャンプ場で、ここもスプリング・エフェメラルの美しいところだ。仙郷《せんきょう》林道を**駐車スペース**に戻る。

CHECK POINT

1

林道鬼ヶ作線との分岐にも駐車可能であるが、満車の場合が多い

2

男の川橋付近の駐車スペースを利用する人が多いが、ここは比較的駐車可能である

3

旧ユースホステル跡地の駐車スペースは広いが、工事用資材が置いてある場合もある。トイレはない

4

登山道は御幸ヶ原での工事用の重機も上がれる道である

5

カタクリ群生地の説明板は花の最盛期が4月下旬となっているが、下旬では遅すぎる

6

中間地点にはベンチもあり、休憩には最適な場所である

7

御幸ヶ原東側のトイレと仲の茶屋の間で、御幸ヶ原へ出る

8

筑波高原キャンプ場へは、女体山の下のロープウェイへの下り道の反対側を北へ下る

9

途中左手にすばらしい雑木林が展開し、以前は筑波山第一の色のよいカタクリの群生地だった

10

この道標は左へ下る。右はかすかなトレースが土俵場へ続いている

11

筑波山の北側山腹にある筑波高原キャンプ場は、原生林に囲まれた自然豊かな場所にある

12

筑波高原キャンプ場はキャンプのみの利用（4/1～9/30）となった。トイレは冬期には閉鎖される

常磐自動車道の場合は土浦北IC、北関東自動車道の場合は桜川筑西ICで降りる。県道41号を進み、「桜川市筑波高原キャンプ場」への道に入る。この道は桜川市の市道だが、以前は「裏筑波観光道路」とよばれていたので、ここではそれを踏襲する。山中を走り、林道鬼ヶ作線との分岐（3～4台）または男の川橋付近（15台ほど）に駐車する。

■登山適期

四季を通じて楽しめるコースであるが、新緑の春、紅葉の秋、山が明るくなった冬がおすすめである。

■アドバイス

▽旧ユースホステル跡地にも20台ほど駐車可能である。往路を下る場合には、こちらを利用する方がよい。

▽利用できるトイレは山頂部のほかは筑波高原キャンプ場にある。

▽マイカー利用の場合の立ち寄りスポットとしては、蔵の街・真壁の散策をおすすめしたい。ひなまつり開催中ならいっそうすばらしい。

▽マイカー利用の場合の立ち寄り湯としては、やさと温泉・ゆりの郷☎0299・42・4126がある。

■問合せ先

桜川市役所企画課☎0296・58・5111、関鉄パープルバス下妻本社営業所☎0296・30・5071

■2万5000分の1地形図

筑波・真壁

＊コース図は24～25ページを参照。

06

スダジイの樹叢に覆われた椎尾山薬王院から男体山・女体山を往復

筑波山 ⑥ 薬王院コース

つくばさん
877m

日帰り

歩行時間＝4時間25分
歩行距離＝8・2㎞

技術度 ■□□□□
体力度 ■□□□□

コース定数＝19

標高差＝847m

累積標高差 ↗1016m ↘558m

←椎尾山薬王院山門とスダジイの巨木。境内には287本が自生しているという

←薬王院周辺は秋にはフクレミカンがたわわに実る

筑波山山頂を目指す登山道の中では最も距離が長いコースである。階段部分は荒れ放題で、エスケープルートができているのが現状。登山者も少なく静かな山登りが楽しめる。「橘の下吹く風の香ぐはしき　筑波の山を恋ひずあらめかも」と、万葉の歌人・占部広方《うらべのひろかた》にも歌われているように、薬王院《やくおういん》付近の筑波山中腹は、昔からみかんの栽培が盛んである。

「つくし湖調整池（ここでは通称の「つくし湖」を使う）」は霞《かすみ》ヶ浦《うら》用水事業の一環として造られた人造湖で、茨城県西部に農業用水、工業用水、水道用水を供給している。つくし湖から眺める筑波山は絶景で、湖をとり囲むようにサクラが植

■鉄道・バス
往路＝筑波山口で桜川市バスヤマザクラGOに乗り換え、紫尾団地バス停で下車する。
復路＝往路を戻るか、つつじヶ丘からシャトルバスでTXつくば駅へ。

■マイカー
常磐自動車道を土浦北ICで降り、国道125号、県道14号、県道41号と約20㌔走り、右折してつくし湖の駐車場かその上の薬王院の登山者駐車場を利用する（第1、第2駐車場は檀家専用）。北関東自動車道を桜川筑西ICで降りた場合は、国道50号、県道41号と約22㌔走る。

■登山適期
四季を通じて楽しめるコースであるが、新緑の春、フクレミカンが鈴なりになる秋をすすめる。

筑波山口と桜川市役所岩瀬庁舎間で運行されているバス（中央）。名称は「桜川市バスヤマザクラGO」である

つくし湖から見た筑波山。右が男体山で左が太郎山である。女体山は見えない

えられ、サクラと筑波山を同時に楽しめる名所となっている。また、秋は紅葉に染まる美しい筑波山を眺めることができる。週末には湖畔にあるそば処「つくし亭」や農産物販売所が開かれる。

中腹の標高約200《メートル》にある椎《しい》尾山《おさん》薬王院は、筑波山四面薬師如来のひとつで「筑波西面薬師」といわれている。全山が推定樹齢300〜500年におよぶスダジイ（椎の木の樹叢）に覆われており、その数は287本を数え、クスノキやケヤキも100本以上茂っているという。本堂の南脇にある花崗岩の巨岩の中には、マグマの中に取り込まれた別の岩石の破片（捕獲岩）が見られる。

紫尾《しお》団地バス停から**つくし湖**へ。薬王院へは古道を登ってみよう。**薬王院**にお参りしてから右手の登山口へ。雑木林の中の踏跡のはっきりした小径を40分ほど登ると、**林道鬼《おに》ヶ作《さく》線に合流**する。ここまでは薬王院から車で来ることも可能である。林道を横切り、長い木の階段を登ると太郎山《たろうやま》との鞍

■アドバイス
▽トイレは、つくし湖駐車場、薬王院、御幸ヶ原にある。
▽マイカー利用ではない場合は、女体山を越えてつつじヶ丘へ下山することをすすめる。TXつくばセンター行きのバスの始発駅である。

■問合せ先
桜川市役所企画課☎0296・58・5111、関鉄パープルバス下妻本社営業所☎0296・30・5071

■2万5000分の1地形図
筑波

薬王院の捕獲岩。大小やかたちなど、さまざまな破片が捕獲されている

＊コース図は24〜25《ページ》を参照。

部に出る。太郎山は真壁《まかべ》町では昔から「筑波隠し山」などといわれていた。この山に男体山《なんたいさん》・女体山《にょたいさん》とも同時に隠される場所があるとか。さらに「坊主山」、「三角峰山」、「三角石山」、「薬師嶽」など と、いくつもの名でよばれている。三角点までは5分ほどで、冬期には木の間から平野部がうっすらと望める。

鞍部に戻り山へ向かうと、自然研究路の大石重ね付近の**分岐**に出る。男体山へは左右どちら周りでも35分ほどであるが、右へのコースをすすめる。

男体山を踏んだあと、**女体山**まで足をのばし往路を戻るか、**つつじヶ丘**からのバスを利用する。

太郎山山頂の新緑

CHECK POINT

1 筑波山口バス停から紫尾団地バス停までは所要時間10分。運賃は一律200円

2 つくし湖駐車場の駐車スペースは13台だが、付近の路肩にはかなりの台数が駐車可能である

3 「薬王院古道」にある不動尊。この道は鎌倉時代から続く道であるとか（薬王院副住職談）

4 1680（延宝8）年に再建された椎尾山薬王院本堂は、大規模な改修の計画が進められている

5 薬王院の県指定文化財である薬王院三重塔は、塔高25㍍の荘重な建築物である

6 薬王院からの登山口は庭園・墓地の右手にあり、最初の道標には「男体山へ2960㍍」とある

7 登山口から10分ほど登った地点に新しい道標「5-2」が立っている。この先林道までの間に「5-3」「5-4」がある

8 登山道と林道鬼ヶ作線が出合った地点の標識には、「標高420㍍」、「筑波山頂まで1622㍍」とある

9 ここの階段は歩幅が合わず厳しい登降を強いられる。最近はエスケープルートもあるようだ

10 太郎山山頂の苔むした三角形の岩には、坊主山と名が刻された。これも自然破壊の一種か

11 自然研究路に向かう途中、道端左に三角形の岩。ここが男の川橋からの道の出口（25・33㌻地図参照）である

12 自然研究路とは大石重ね付近で合流する

07

かつては修験者の山岳修行の道であった羽鳥古道を男体山へ登る

筑波山 ⑦ 羽鳥道

つくばさん
877m

日帰り

歩行時間＝6時間35分
歩行距離＝18・2㎞

技術度
体力度

コース定数＝30
標高差＝842m
累積標高差 ↗1226m ↘1226m

↑「つくばの里のそば工房」駐車場から見た筑波山。右の大きい山が太郎山で男体山はその左肩に頭だけ見える

←馬頭尊付近の男女川の流れ

万葉の歴史を秘める筑波古道の羽鳥《はとり》道は、『将門記《しょうもんき》』によると承平7（937）年平将門が攻め入ったころ、機織とよばれており、後に「はたおり」が「はとり」に変わったといわれている。

羽鳥には、真壁《まかべ》と筑波山の男体《なんたい》山《さん》を結ぶ羽鳥道があり、古くは修験者の山岳修行の道であったが、江戸時代後期から一般庶民に広まった社寺参詣の信仰道となった。このため道沿いには当時の面影を偲ばせる野仏や石碑などが数多く残っている。

また、羽鳥集落の西側の小高い丘には歌姫《うたづめ》明神があり、この地で春と秋に万葉びとが集まり歌を詠み交わして踊る嬥歌《かがい》が行われたという伝承が残っている。

桃山学園バス停から200㍍戻るか、そば工房の駐車場から500㍍進んだ道路脇に、**「筑波登山本道」の石柱**がある。そこから筑波山を見ながら進み、県道41号線をくぐる。右手に大きな馬頭尊の石碑があり、正面の火の見櫓を目指すと羽鳥分教場跡で、傍らにエノキの巨木と地蔵石碑群が静かに佇んでいる。「上の榎木不動尊」とよばれている。

緩やかな旧道を上がっていくと羽鳥薬師堂に着く。脇には石碑群が並んでいる。さらに歩くと左手奥に蕎麦処「来楽庵」があり、**八《や》坂《さか》神社**に出る。大同2（807）年創設と伝えられ、脇には小滝不動が鎮座している。

この付近から車道が入り組んでいるが、「羽鳥道」との木の道標にしたがい古道を歩く。しばらく進

■鉄道・バス
往路＝筑波山口から桜川市バスヤマザクラGOを利用し、桃山学園バス停で下車する。所要時間16分。
復路＝往路を戻るか、つつじヶ丘からシャトルバスにてTXつくば駅へ。

■マイカー
常磐自動車道を土浦北ICで降り、国道125号、県道14号、県道41号と約22㌔走り、椎尾の信号を斜め前に左折し、700㍍先のつくばの里のそば工房に駐車する。

■登山適期
四季を通じて楽しめるコースであるが、新緑の早春、紅葉の晩秋をすす

むと、石鳥居が大きくそびえ羽鳥道に風格を添えている。車道を横切りながら登っていくと、大きな男《お》の川水分《がわみくまりの》神《かみ》の石碑の前に出る。右手に椎尾《しいお》林道、林道鬼《おに》ヶ作《さく》線を分けると、まもなく**男の川橋**だ。

橋の手前を登ると自然石の上に羽鳥七不動のひとつである大滝不動が安置されている。昔の羽鳥古道はここから山頂を目指したが、今は高山植物保護のため、通行禁止である。

車道を**ユースホステル跡**へ出て、深峰《ふかみね》遊歩道を登り、**御幸ヶ原**を経て、**男体山**山頂にいたる。

女体山を登った後、**筑波高原キャンプ場**に降りる。帰路には**全国緑化行事発祥の地**や**歌姫明神**を訪ねたい。

CHECK POINT

1 この石柱は1922（大正11）年に建てられたもので、「筑波登山本道」と刻まれている

2 馬頭観音の大きな碑。近くを流れているのが筑波山からくる男女川である

3 薬師堂は江戸時代中期の建立とされ、堂内には鎌倉時代初期の作とされる薬師如来坐像が安置されている

4 八坂神社の社殿は江戸時代の建立とされ、全面にみごとな彫刻が施されている

5 石鳥居は安永5（1776）年、信州高遠の石工・原宣智が奉納したといわれている

6 1973（昭和48）年、水が絶え間なく公平に分配されることを祈願して「男の川水分神」が建てられた

7 男体山から流れてくる男の川、渡る橋は男の川橋という

8 大滝不動は登拝者の無事安全を祈願して建てられた七不動のひとつである

9 マイカーはユースホステル跡地まで入ることができる。駐車スペースは10台ほど

10 1934（昭和9）年4月、日本ではじめて植樹祭が行われた全国緑化行事発祥の地

11 歌姫明神は万葉人の嬥歌の場といわれている

12 つくばの里のそば工房。駐車場もあり、トイレを拝借できる

石鳥居上の羽鳥古道

めたい。

■アドバイス
▽桜川市商工観光課からは「桜の里蔵都（リゾート）茨城県桜川市・羽鳥道」という案内図が出ている。▽コースの途中に「全国緑化行事発祥の地」があり記念碑が立つ。林道から山道を往復約40分である。ただし、寂しい場所なので単独での行動は控えた方がよい。

■問合せ先
桜川市役所企画課☎0296・58・5111、関鉄パープルバス下妻本社営業所☎0296・30・5071

■2万5000分の1地形図
筑波

Start Goal
35m
桃山学園
桃山学園バス停
桜川筑西IC、岩瀬駅へ
「筑波登山本道」石柱
桃山
40
つくばの里のそば工房
☎0296・20・7600
りんりんロード
つくばりんりんロード
金井
真壁町田
真壁町山尾
53
入山尾
北坪
馬頭尊碑
41
東山田羽鳥バス停
寄井
歌姫明神分岐
往復0.15
歌姫明神
火の見櫓
羽鳥分教場跡
表坪
山口
筑波山口バス停、土浦北ICへ
真壁町東山田
真壁町羽鳥
薬師堂
124
116
上坪
329
来楽庵
八坂神社
☎0296・54・1956
桜川市
石鳥居
169
男の川水分神
全国緑化行事発祥之地
裏筑波観光道路
287
444
施錠されたゲート。
全国緑化行事発祥の地の看板あり
往復0.40
椎尾林道入口
この辺り広い範囲で伐採された
この辺り広い範囲で伐採された
筑波高原キャンプ場
463
416
男の川橋
459
仙郷林道
林道鬼ヶ作線
薬王院へ
大滝不動
ユースホステル跡
カタクリの群生地
薬王院コース
女体山・キャンプ場コース
深峰遊歩道
カタクリの群生地
710
ベンチ
つづら折りの急斜面
石岡市
カタクリの群生地
林床が美しい
三角形の岩
389
ベンチ
筑波山
御幸ヶ原
自然研究路
男体山 871
男体山御本殿
セキレイ石
ガマ石
女体山御本殿
女体山 877
女体山駅
筑波山頂駅
筑波山ケーブルカー
筑波山ロープウェイ
つくば市
0
500m
1:25,000

08

男体山を一周する散策路。四季を通して動植物が観察できる

筑波山 ⑧ 自然研究路

つくばさん 877m

日帰り

歩行時間＝1時間5分
歩行距離＝1・5km

技術度 ／ 体力度

コース定数	＝4
標高差	＝81m
累積標高差	登り 152m
	下り 152m

自然研究路のニリンソウ群落（第三展望台付近）

冬の自然研究路（解説板⑬付近）

筑波山自然研究路は、筑波山の動植物を観察し、自然と親しめるように樹木に名札をつけ、解説板を設けた延長1471メートルの歩道である。コンクリートで造られ、適度のアップダウンはあるものの、約60分で一周することができる。コース上には18枚の解説板が設置され、展望台からの眺望、あずまやでの休憩も楽しめる。

解説板は不鮮明になったものもあるため、2018年3月、さらに2020年3月に茨城県生活環境部により一部リニューアルされた。カラー写真などを豊富に取り入れたビジュアルなものである。

なお、2014年3月、自然研究路が一部崩壊、2015年のゴールデン・ウィークから男体山山頂《なんたいさん》を通る迂回路ができた。男体山御本殿と旧山階宮《やましなのみや》筑波山観測所跡の間の尾根を下り、解説板⑥付近に出るものである。ただし、この崩壊地は修復工事が行われ、2022年のゴールデンウィークから通れるようになった。

御幸《みゆき》ヶ原《はら》の西端、2つの茶屋の間の階段を登る。右手脇には常陸山谷右衛門の手形石が据えられている。男体山への登山道の左手が自然研究路の入口である。解説板を見ながら進むと**立身石《りっしんせき》**で、上は展望台になっており、南側が開けている。ここからの眺望は抜群である。

■鉄道・バス／■マイカー
①筑波山（10ページ）を参照。

■登山適期
四季を通じて楽しめるコースであるが、冬期低気圧が太平洋岸に沿って通る場合に降雪がある。西側では霧氷などが見られるが、降雪後に散策する場合は軽アイゼンを持参したい。

■アドバイス
▽茨城県生活環境部環境政策課より『筑波山コース別ガイド』が発行されている。
▽コースの途中に展望台は3箇所あるが、立身石の上は眺望抜群、第二の展望台は周囲の木々がのびてきており、第三の展望台からは眺望が得られなくなってしまった。
▽本コースは、ただ歩くだけなら30分程度しかかからない。充分に時間をかけて解説板を読み、展望台での眺望などを楽しみたい。

■問合せ先
茨城県生活環境部環境政策課☎029・301・2946、

■2万5000分の1地形図
筑波

立身石から階段を登り切った箇所から先が崩壊地で、右へ登る道が迂回路である。修復のできた研究路は下の道で、注意して通過しよう。しばらくすると右手にあずまやとその先左手に**第二展望台**がある。休憩には最適な場所であり、南西には山麓の田園風景、その先にはつくば学園都市が広がる。

研究路が山の西側を通るようになると下りになり、急な部分もあるが、ロープや手すりもつけられている。

急な部分を下りきった先にも展望台があったが、今は林の中で眺望はまったくない。右手のあずまやをすぎると**薬王院からの登山道が合流**する。右折し、登りとなった研究路の解説板は動植物関係が多くなり、樹木の説明が目立ってくる。**御幸ヶ原**のトイレの横が終点になる。

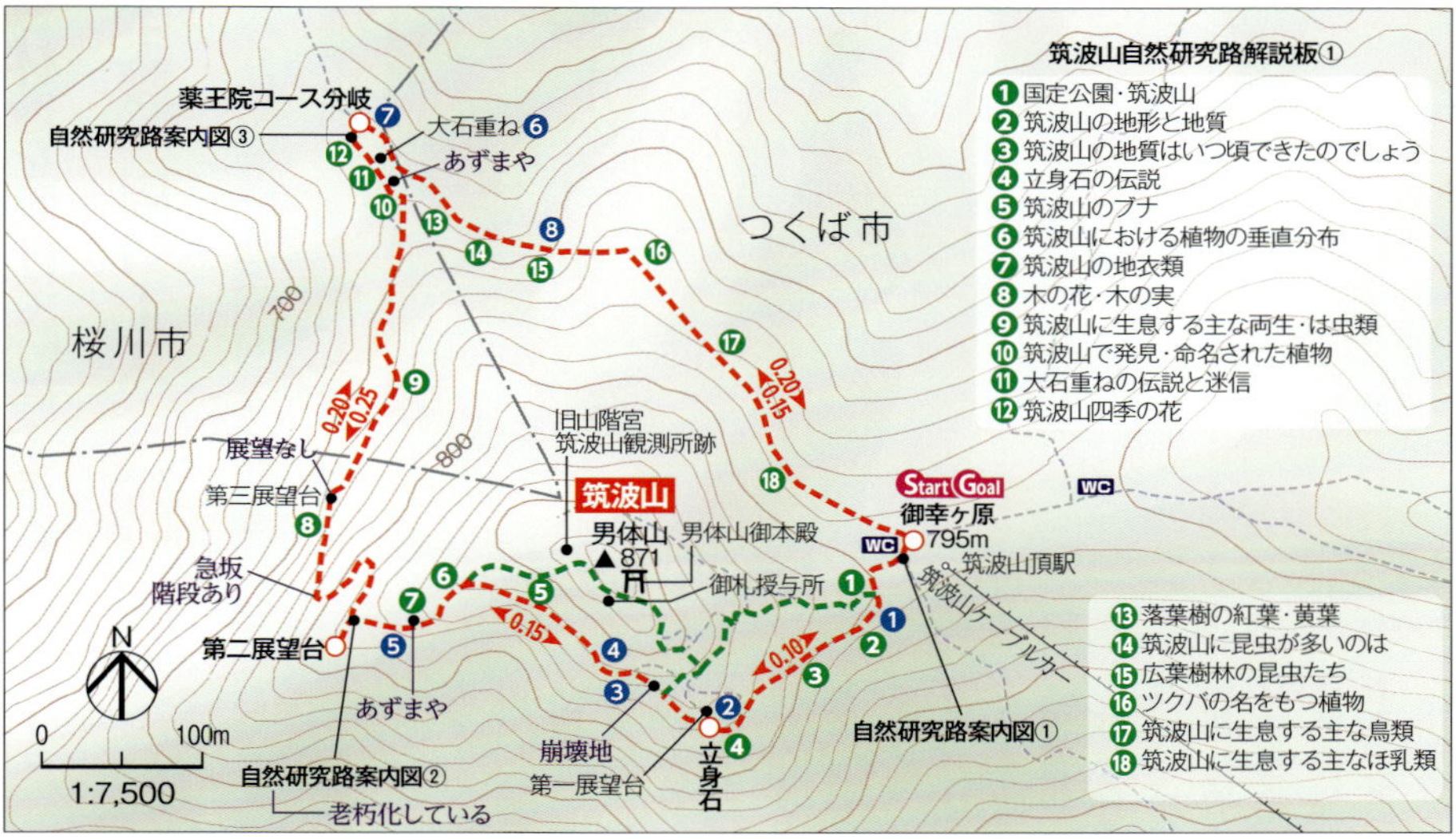

CHECK POINT

1 自然研究路の谷側に、ブナ林保護対策事業として、2021年3月ロープ柵が設置された

2 立身石。元来、「鎮座石」といい、13歳の間宮林蔵がこの場所で立身出世を祈願したといわれている

3 自然研究路の岩は取り除かれ、コンクリート打ちされて歩きやすくなった

4 崩壊部分を見上げる。安全だとはいえ100パーセント安心はできない。すばやく通過した方がよい

5 あずまやは憩いの場である。ここと付近の展望台で休憩する人が多い

6 大石重ね。昔から小石を持って登山すれば、疲れずに登れるし、罪や過ちも消えるといわれている

7 薬王院コース分岐。薬王院までは2.5キロである。自然研究路は右折する。御幸ヶ原まで0.5キロ

8 北側に回り込むと解説板は樹木に関するものが多くなる。紅葉の美しいところだ

09

日帰り

筑波山⑨中腹一周コース

つくばさん 877m

筑波山中腹の登山道と林道を繋げて一周する森林浴コース

歩行時間＝4時間50分
歩行距離＝15km

技術度 体力度

コース定数＝21

標高差＝280m

累積標高差 ↗748m ↘748m

筑波山梅林より男体山を望む。つくば市営の梅林には、紅梅、白梅、緑がく梅など約30種・3000本の梅が植えられている。足もとの苔むした巨岩は往古に山津波で流されてきた筑波石

筑波山に足繁く通っている人におすすめなのがこのコースである。山頂に登らないので、眺望はあまり期待できない。しかし、古くから神域として保護されてきた筑波山の中腹だけに、豊かな自然が充分に残されている。さらに、植林された部分もそのほとんどは試験地で、各種の試みが行われている。それらをめぐりながら、森林の発するオーラを全身で感じることができるコースである。

市営第三駐車場の西端から梅林・駐車場連絡歩道を梅林に向かう。ほぼ水平の道であるが、途中山側に綱が張られ「登山事故に注意」の紙が下げられている。そこは昔の筑波山古道（廃道）の跡である。筑波山周辺では何度か同様な注意書を目にするが、現実に事故も起きているので気をつけたい。梅林直前左下に筑波七稲荷のひとつ、石稲荷が祀られている。

梅林の**あずまや**から林道沼《ぬま》田《た》新《しん》田酒寄《でんさかより》線に下る。この林道の前半

■鉄道・バス
①筑波山（10ページ）を参照。

■マイカー
①筑波山（10ページ）を参照。スタート地点としての駐車場は、つつじヶ丘、薬王院、林道脇の駐車スペースなどいろいろ利用することができる。

■登山適期
四季を通じて楽しめるコースであるが、緑が綺麗な春・夏が最もすばらしい。

■アドバイス
▽このコースのスタート地点は任意に選べる。さらに、右回り、左回りも随意である。
▽トイレのある場所は、市営第三駐車場、筑波梅林、薬王院、筑波高原キャンプ場（ただし12月1日～3月31日は閉鎖）、つつじヶ丘、筑波山神社である。

■問合せ先
茨城県生活環境部環境政策課☎029・301・2946、桜川市商工観光課☎0296・55・1159

■2万5000分の1地形図
筑波・真壁

林道鬼ヶ作線の新緑（筆者の経験では、ここの新緑は筑波山で2番目のすばらしさ）

は、筑波山周辺の林道では最もきれいに舗装されている。小鳥の声を聞きながら森林浴が楽しめる道だ。緩やかに登っていくと峠に着く。小広場になりベンチもある。

峠からは下りとなり、右側の雑木林は関東森林管理局森林技術センターの試験地である。林道終点のT字路を右折して**林道酒寄線**を登る。右に左にカーブしながら登っていくと二股となる。直進する酒寄線は未舗装で、左折する道は**林道鬼《おに》ヶ作《さく》線**だ。

ひと登りすると、**薬王院からの登山道**が横切る。ほぼ水平な林道を進むと、左から裏筑波観光道路が出合う。右折すると**男《お》の川**で、ここに駐車している車は多い。川の左岸すぐ上に大光院大瀧大聖《だいこういんおおたきだいせ》

仙郷林道から加波山方面を見る（遠景中央が加波山）

＊コース図は24〜25ページを参照。

つつじヶ丘から迎場コースへ下る地点の万葉古路の碑

東筑波ハイキングコースは、このコースで唯一山道らしい箇所である。沢を横切るが水量は少ない

不動明王、通称「大滝不動」が祀られている。

ひと登りして左へ未舗装の仙郷《せんきょう》林道に入る。女《め》の川、**筑波高原キャンプ場**をすぎ、林道をそのまま進むと右手に土《ど》俵場《ひょうば》への踏跡があるので往復する。

土俵場の後、すぐに仙郷林道と別れて**ゲート**のある林道を右に入る。ここからは東筑波ハイキングコースで、途中山道らしい部分があり気持ちがよい。再び林道となり、両側には前記森林技術センターの試験地が広がっている。まもなく**つつじヶ丘**に出る。迎場《むかえば》コースを下ると**筑波山神社**である。

CHECK POINT

1 つくば市営第三駐車場の西端より時計回りに一周する。逆回りより、この順路を推奨したい

2 梅林手前の左下に筑波七稲荷のひとつ、石稲荷が祀られている。古くから石や山林関係者から信仰されてきた

3 林道沼田新田酒寄線の下にも散策路「四季の道」があり、季節を問わず自然に親しめる

4 林道酒寄線出合では右折して山に向かう。すぐに大きなミカン園がある

5 「薬王院へ0.8キロ」の分岐があり、緩く下っていくと薬王院である。ここは右折する

6 林道鬼ヶ作線は2003年に完成したもので、周囲の森林の緑は実に美しい

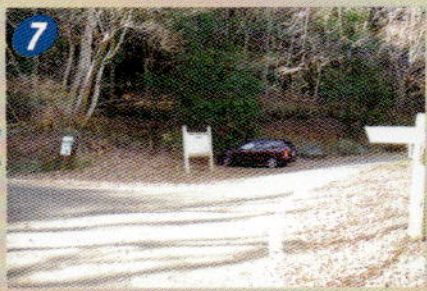
7 林道鬼ヶ作線と裏筑波観光道路との分岐で、ここにも数台は駐車可能である

8 仙郷林道分岐は左に入る。直進する舗装道路はユースホステル跡地まで続いている

9 筑波高原キャンプ場にはりっぱなトイレがある。春にはカタクリ、ニリンソウの群落も見られる

10 土俵場は太古、真壁・新治・筑波三郡の若者が相撲をとって覇を競った場所である

11 このあたりは林業の試験地が多く、各種の研究が行われている

12 つつじヶ丘へ出る手前の階段。トイレの横に出る

10

筑波山 ⑩ つくば道

つくばさん
877m

「日本の道百選」のひとつを歩き、貴重な文化財と田園風景を楽しむ

日帰り

歩行時間＝2時間15分
歩行距離＝7㎞

技術度

体力度

コース定数＝**9**

標高差＝245m

累積標高差 284m 35m

↑神郡の街並みからの筑波山。先にあるのは点滅式の信号のついた四辻

←つくば道入口の道標。「これよりつくは道」「にしは江戸　ひがしは鹿島」とある

つくば道は、江戸時代第3代将軍家光公が、知足院《ちそくいん》建立の建設材料を運ぶために開いたとされる。太古の昔、諸国の神々が集ったといわれる神郡《かんごおり》集落を通ることから、神郡街道ともよばれている。

北条仲町《ほうじょうなかまち》のつくば道入口には「つくば道の道標」が立っているが、これは台座も含めると3㍍余の堂々たるものである。

北条大池は江戸時代からあった農業用溜池で、周囲には桜並木の遊歩道があり、春には花見客でにぎわっている。隣接する平沢官《ひらさわかん》衙《が》遺跡は今から1000年以上前の奈良・平安時代の筑波郡《つくはのこほり》の役所跡。2003（平成15）年「よみがえる筑波の正倉院」として、茅葺《かやぶ》き屋根の土壁《つちかべ》双倉《ならびくら》、板屋根の校倉《あぜくら》、板倉《いたくら》の3棟の正倉が一般公開（無料）されている。

北条大池はサクラの季節には最高の行楽地で、多く花見客でにぎわう（遠景の山は宝篋山）

筑波交流センターをスタート、国道125号を横断し、北条の商店街まで歩く。江戸時代から明治にかけて建てられた土蔵造りの店蔵《みせぐら》が点在し、公開している蔵もあるので見学するのも一興である。

ふれあいロードの中ほどに**「つくば道」の入口**がある。ここから向かうのだが、先に**北条大池**や平沢官衙遺跡を回りたい。

　農免道路を田園風景を楽しみながら北上し、**田井《たい》郵便局**から右に道をとり**神郡**の街並みに入る。途中の普《ふ》門寺《もんじ》は「観光協力の家」ともなっている。古い家並みや道標などを見ながら点滅信号の十字路を渡ると、眼前に「神郡条理《じょうり》」という水田の遺構が広がり、筑波山が目の前に迫ってくる。臼井《うすい》T字路あたりから上

↑神郡の街並みには古い建物が田井ミュージアム、里山建築研究所として活用されている

←北条ふれあい館(旧田村呉服店)では、民芸品やおみやげなども販売されている

「観光協力の家」でもある普門寺

CHECK POINT

1 田村家店蔵は元呉服店で現在は「北条ふれあい館」として土・日曜、祝日は営業をしている

2 平沢官衙遺跡は平安時代の郡役所の正倉跡と考えられている。現在3棟の正倉が復元・整備され、公開されている

3 田井郵便局の窓口で郵便を出すと「日本の道路百選 神郡街道」のスタンプを押してくれる

4 普門寺は真言宗で鎌倉末期の創建と伝えられる。境内の休憩所やトイレが借りられる

5 この石鳥居は「六丁目の鳥居」ともよばれ、ここから上が筑波山神社の境内である

6 御座替祭の神輿渡御は鳥居脇の御假屋からスタートする

7 御神橋や手水舎手前の鳥居をくぐると、神社へ着いたという厳かな気分になる

8 つくば道の碑と由来の説明板が御神橋と道を隔てた左手にある

■鉄道・バス
往路＝つくばセンターの乗場③から「つくバス北部シャトル」に乗り、約30分の「筑波交流センター」で下車する。

復路＝筑波山神社入口からシャトルバスでTXつくば駅に出る。

■マイカー
常磐自動車道を土浦北ICで降り、国道125号を約12㌔進み、筑波交流センター駐車場を利用する。桜川筑西ICからは約33㌔である。また、平沢官衙付近の2つの駐車場も利用できる。

■登山適期
四季を通じて楽しめるコースであるが、新緑の春、田植えの時期、稲穂がたわわに実る秋をすすめたい。

■アドバイス
▽つくば道道標のある北条仲町までバスを利用することもできる。つくばセンターから「つくバス小田シャトル」で約47分、JR土浦駅から「筑波

観光協力の家の表示板

つくば道の石段。以前はもっと下から石段だったが、上部だけが現在も残されている

旧筑波山郵便局は2008年に改装が行われ、イベント時には公開される

り道となり、**六丁目の石鳥居**から上が神域とされる。鳥居脇には蕉門十哲の一人・服部嵐雪の「雪はまうさず　先むらさきの　筑波山」の句碑が立っている。

舗装路を登り二股を右に入ると石段が現れる。旧筑波山郵便局をすぎ、車道を歩道橋で渡り、階段を登ると**筑波山神社**参道である。

マイカー利用の場合は、復路、蚕影《こかげ》神社、つくば市出土文化財管理センターなどに寄るのもよい。

山口」行きバスで約45分。

▽トイレは筑波交流センター、平沢官衙遺跡事務所、観光協力の家（普門寺、鮭川家など）で利用できる。

▽つくば市では「歩いて発見！マップ」として、「北条マップ」「神郡マップ」「筑波山マップ」などを発行している。

■問合せ先

つくば市観光物産課☎029・883・1111（右記マップについても）

■2万5000分の1地形図

筑波

茨城県の山 COLUMN 01

筑波山のパワースポット

天地開闢《かいびゃく》以来、筑波山は山そのものが御神体として崇められてきた。山中の巨岩・巨樹には神仏が宿るとされ、長らく信仰の対象になってきた。それらのパワースポットをめぐって霊気をいただこう。

隋神門《ずいしんもん》横の大杉　MAP-P13

樹齢約800年。パワースポット巡りのスタートはここから。

大石重ね　MAP-P35

自然研究路の中ほどにある。現在は拝殿横の社務所で初穂料を払い（300円）、石をいただき、願いを書いて積むようになっている。

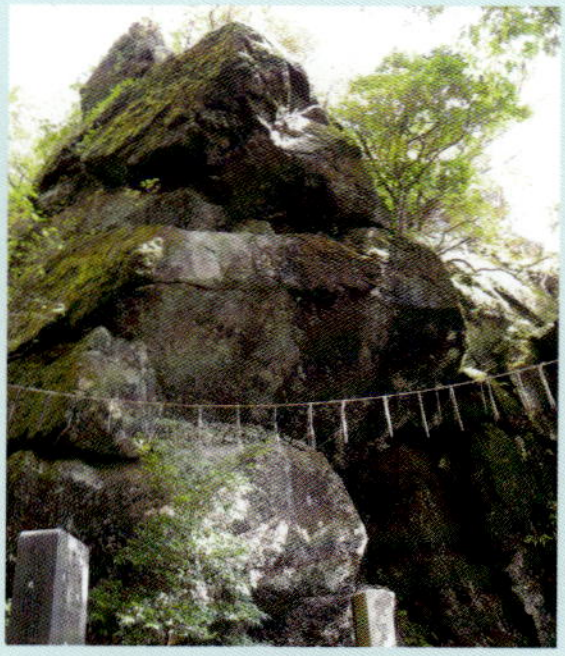

立身石　MAP-P35

親鸞聖人伝説もある。間宮林蔵が13歳のころ、ここで出世を祈ったといわれている。

紫峰杉　MAP-P13

筑波山中最大といえる巨樹。高さ40メートル、幹周り約7メートル、樹齢約800年。

男女川水源　MAP-P13

紫峰杉のそばにある。

セキレイ石　MAP-P13

この石の上にセキレイがとまり恋の道を教えたといわれる。

ガマ石 MAP-P15

筑波山で最も人気の高いパワースポット、後ろ向きの姿勢で投げた小石ががまの口に入ると金運が高まるといわれている。この「後ろ向きの姿勢で」ということは知られていない。

天浮橋《あめのうきはし》 MAP-P13

日本神話によると天上界と地上をつなぐ橋で、伊弉諾尊、伊弉冉尊の両神が降臨されたところとされる。

大仏岩 MAP-P15

高さが15㍍もあり、座禅を組んだ大仏様のように見える。

北斗岩 MAP-P15

北斗星のようにけっして動かないことを意味している。

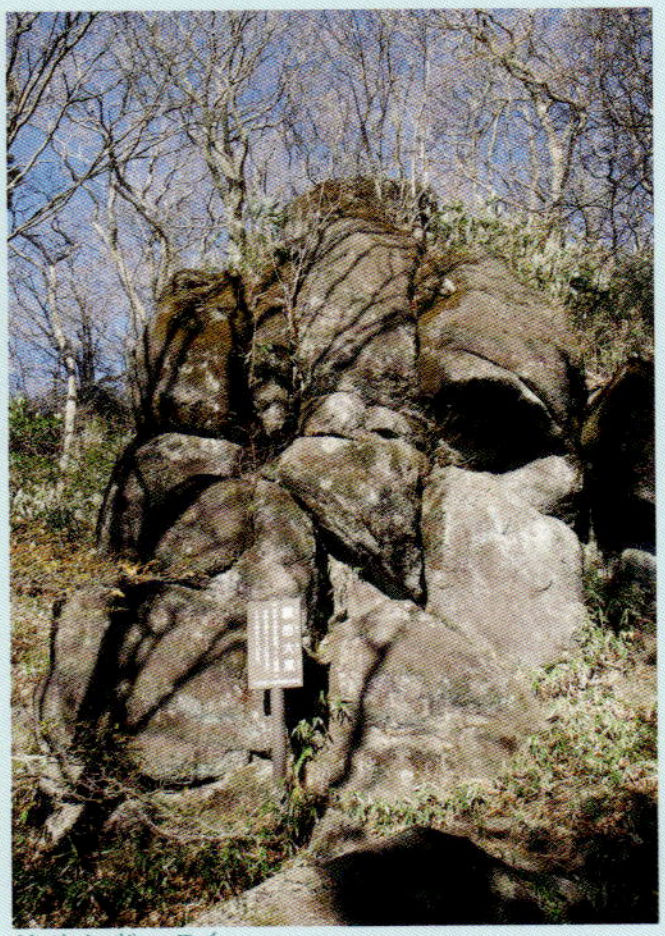

裏面大黒《りめんだいこく》 MAP-P15

大きな袋を背負った大黒様の背中のように見える。

出船入船《でふねいりふね》 MAP-P15

艦首と艦尾が並んだように見える。かつては「野鳥居石」といわれ、修験者は岩の割れ目から紀州の熊野神社を拝したという。

弁慶七戻り MAP-P15

頭上の岩が落ちそうで弁慶でさえ七回も行きつ戻りつしたといわれている。

母の胎内《たいない》くぐり MAP-P15

筑波山禅定の行場のひとつ。岩をくぐり抜けることで、生まれた姿に戻ることを意味している。

11 八溝山①

茨城県最高峰。春は新緑、秋は紅葉がすばらしい

やみぞさん 1022m

日帰り

歩行時間＝2時間25分
歩行距離＝5km

技術度
体力度

コース定数	＝8
標高差	＝257m
累積標高差	上り 379m / 下り 379m

大子町大生瀬・打越付近の車道から見た八溝山

八溝山は、茨城県大子《だいご》町、福島県棚倉町《たなぐらまち》、栃木県大田原《おおたわら》市の三県境に位置する茨城県の最高峰である。山頂に八溝嶺《やみぞみね》神社、中腹に日《にち》輪寺《りんじ》がある。山名の由来には諸説あるが、「八溝山には八つ谷があり八方に放射しているから」とするものが一般的だ。弘法大師はこのありさまを八葉に覆われた蓮の花にたとえ、朝日夕日に照らされる山に尊いものを感じたという。

山頂展望台より足下の八溝嶺神社。右が拝殿で左が本殿、三角点は本殿の後ろに設置されている

山腹のいたるところに湧き水が流れ出し、八溝川湧水群の八溝五水は日本名水百選に選ばれている。

信仰の山であった八溝山も、1981（昭和56）年、茨城・福島・栃木の三県から自動車道が開通し、観光の山として新しい時代を迎えている。

八溝五水の入口手前には、庇のかかった休憩所がある。付近には数台の**駐車スペース**もある。ベンチから300㍍先が登山道（八溝嶺神社旧参道）入口だ。平坦な道を進むと**金性水**《きんしょうすい》に出る。竹筒から流れ落ちる水は賞味に値する。

金性水から200㍍ほど行くと八丁坂《はっちょうざか》の急登になる。右手の平坦地は長年八溝嶺神社の別当を務めた高梨家の屋敷跡だ。すぐ左に屋根のかかった鉄水《てっすい》、その上の登山道から右に少し離れたところに龍《りゅう》毛水《もうすい》がある。急坂を登ると日輪寺

カエデ類の紅葉の美しい八溝嶺神社旧参道を行く

■鉄道・バス
往路・復路＝JR水郡線常陸大子駅前から蛇穴（じゃけち）行きの茨城交通バスに乗り終点下車。しかし、水郡線はダイヤも少なく、バスの本数も極端に少ないうえ、日曜、祝日は運休なので登山には利用できない。マイカーでの登山をすすめる。

■マイカー
国道118号から主要地方道28号（大子那須線）に入り、15㌔で蛇穴へ。八溝林道の入口には大鳥居があるので明瞭だ。頂上付近まで完全舗装されている。頂上直下には3箇所の駐車場があり、トイレもある。

■登山適期
新緑の春、紅葉の秋から初冬にかけ

への車道に出る。**白毛水**《はくもうすい》は左下にあり、駐車場から近く水を汲みに来る人も多い。頂上に最も近い銀《ぎん》性水《しょうすい》は近年ほとんど水がない。

車道に出るとその上が**八溝山**頂上で、八溝嶺神社、さらに展望台がある。展望台からの360度の眺望はすこぶるよい。1等三角点は神社裏の高みにある。

道標に導かれて日輪寺への尾根を下る。春には新緑、足もとにはカタクリの花が咲き乱れ、秋の紅葉はいちだんと美しい。

日輪寺からは旧参道をマナイタ沢に下る。清流を利用してワサビが栽培されていたが、近年は低調である。対岸の道を登ると出発点の**駐車スペース**に戻る。

日輪寺への尾根は、春は新緑やカタクリが楽しめ、秋は紅・黄葉が美しい

CHECK POINT

1 屋根のある休憩所の前には数台が駐車できるスペースがある

2 八溝五水は第二代水戸藩主徳川光圀公の命名とか。金性水が最も水量が多い

3 八溝嶺神社は日本武尊の創建と伝えられ、周囲には、風害を避けるための高い土塁が築かれている

4 山頂には天守閣を模した無料の展望台があり、最上階には望遠鏡も置かれている

5 山頂近くの鉄塔は東京電力の「八溝無線中継所」と国土交通省の「八溝山雨量観測所」である

6 分岐を日輪寺へは左へ下る。右は金性水からの道である

7 日輪寺は大同3（808）年弘法大師によって開山された古刹。毎年5月3日に柴燈護摩法要が行われている

8 マナイタ沢のワサビ田。江戸時代初期、徳川光圀公から苗を拝領して栽培したのがはじまりという

てがベストシーズンである。特に、日輪寺の祭礼（5月3日）は一見の価値があるのでおすすめしたい。

■アドバイス

▽八溝林道入口の大鳥居近くにあった「山登屋」は廃業した。

▽大子町観光商工課・観光協会からは「大子町厳選おすすめハイキング③八溝山・大神宮山」が出ている。また、大子町観光協会のHPでも、ハイキングのコース案内記事や地図を見ることができる。

▽大子町は温泉の町、各所に立ち寄り湯がある。珍しいのは道の駅「奥久慈だいご」（☎0295・72・6111）に温泉入浴施設があることだ。

道の駅 奥久慈だいご

▽登山後の立ち寄りスポットとしては、奥久慈茶の里公園「和紙人形美術館」☎0295・78・0511、ゲルト・クナッパーギャラリー☎0295・72・2011（要予約）など。

■問合せ先

大子町観光商工課☎0295・72・1138、大子町観光協会☎0295・72・0285

■2万5000分の1地形図

八溝山・町付

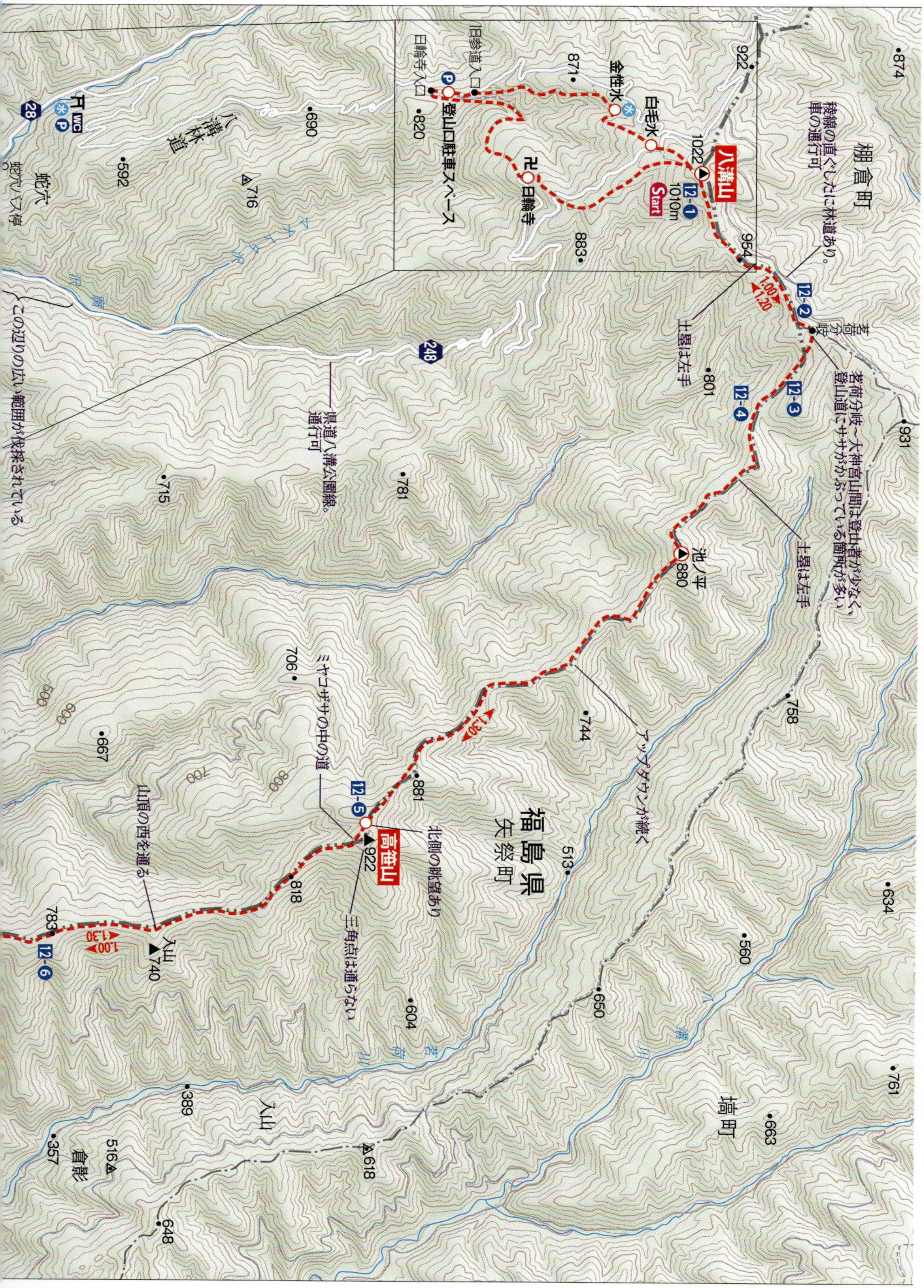
八溝山
1022
12-1
1010m
Start
日輪寺
金性水
白毛水
登山口駐車スペース
旧参道入口
日輪寺入口
820
871
883
954
922
874
棚倉町
稜線の直ぐ下に林道あり。車の通行可
12-2
茗荷分岐
茗荷分岐～大神宮山間は登山者が少なく、登山道にササがかぶっている箇所が多い
12-3
12-4
土塁は左手
801
931
池ノ平
880
土塁は左手
758
アップダウンが続く
744
881
12-5
高笹山
922
北側の眺望あり
三角点は通らない
福島県
矢祭町
513
ミヤコザサの中の道
706
818
山頂の西を通る
740
783
12-6
667
604
650
560
634
761
663
塙町
389
357
516
618
648
県道八溝公園線。通行可
八溝林道
蛇穴
蛇穴バス停
690
592
716
715
781
この辺りの広い範囲が伐採されている
1:00
1:20
1:30
248
28

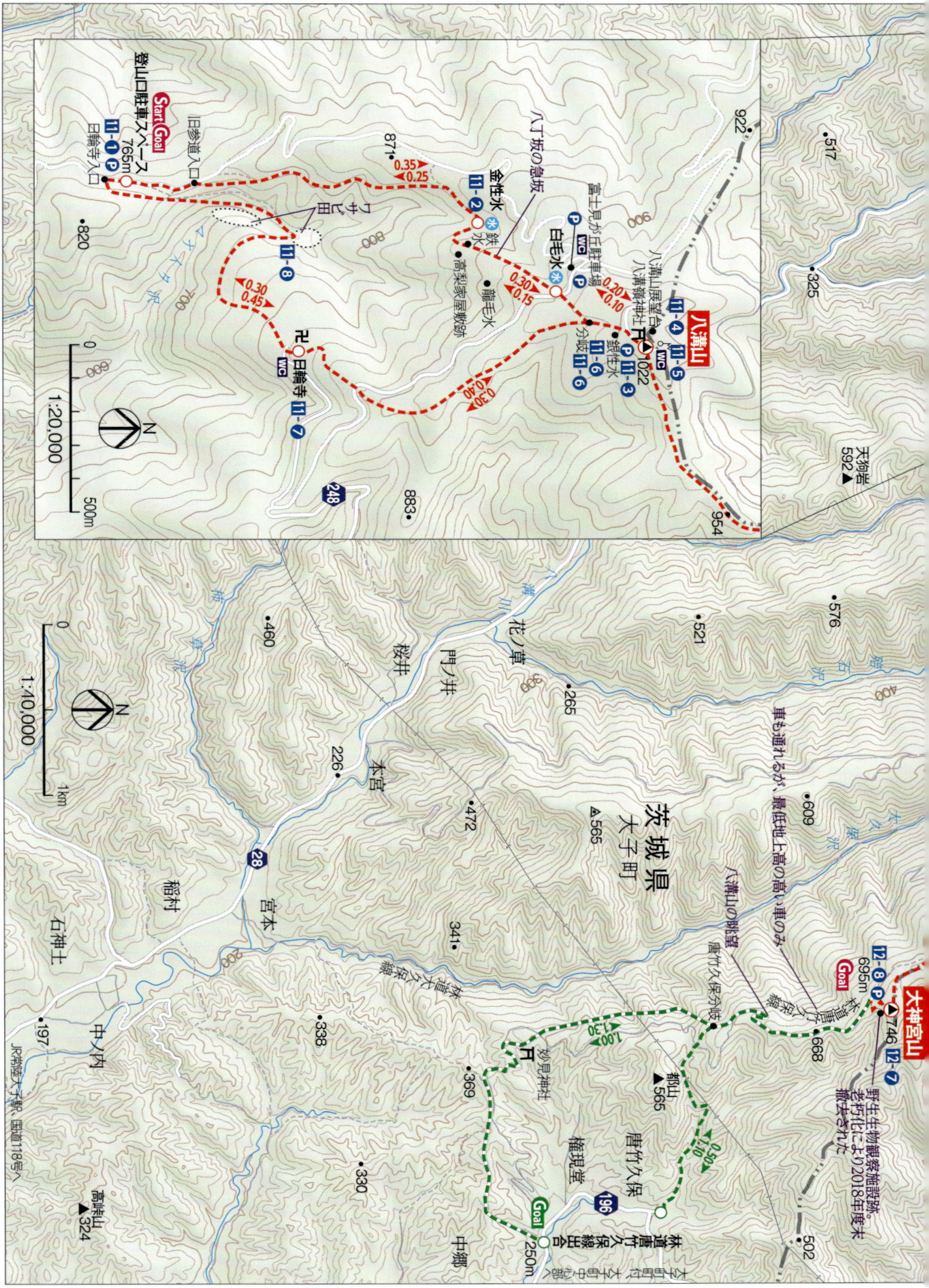

八溝山
1022
八溝嶺神社
八溝山展望台
富士見が丘駐車場
白毛水
八丁坂の急坂
金性水
鉄水
龍毛水
高梨家屋敷跡
銀性水
分岐
日輪寺
旧参道入口
Start Goal
登山口駐車スペース
765m
日輪寺入口
ワサビ田
1:20,000
500m
1:40,000
1km
茨城県
大子町
大神宮山
746
695m
林道唐竹久保線
唐竹久保分岐
八溝山の眺望
車も通れるが、最低地上高の高い車のみ
野生生物観察施設跡。老朽化により2018年度末撤去された
郡山
565
妙見神社
唐竹久保
権現堂
林道唐竹久保線出合
250m
中郷
大子町中心部へ
JR常陸大子駅、国道118号へ
高時山
324
石神土
稲村
宮本
本宮
桜井
門ノ井
花ノ草
中ノ内
天狗岩
592

12

古くは多くの信者が登降した八溝嶺神社の中郷口参詣道を歩く

八溝山②・高笹山・大神宮山

日帰り

歩行時間＝3時間30分
歩行距離＝9㎞

技術度 ■□□□□
体力度 ■□□□□

八溝山《やみぞさん》 1022m
高笹山《たかざさやま》 922m
大神宮山《だいじんぐうやま》 746m

コース定数＝14

標高差＝－327m

累積標高差 ↗478m ↘804m

主要地方道28号沿いの大子町稲村集落から見た大神宮山の稜線

八溝山から南東にのびる茨城県大子《だいご》町と福島県矢祭《やまつり》町の境となる尾根上に顕著なピークが3つある。ひとつは池ノ平、2つ目は高笹山でこれは八溝八峰のひとつであり、県内第二の標高の山である。笹ヶ岳ともいわれるこの山には、八溝山の鬼賊大猛丸の棲家との伝説がある。

3つ目は大神宮山で、古くは笠舟山《かさぶなやま》、笠無山《かさぶなやま》、寄神山《きじんざん》ともいわれた。1994(平成6)年~1996(平成8)年に「豊かな森林づくり事業」の一環として林道唐竹久保《からたけくぼ》線ができ、終点は駐車場になっている。山頂には野生生物観察施設が建ち、周囲には遊歩道が設けられた。また、山頂には遥拝石（眼鏡石）という高さ60《センチ》ほどの石碑があり、地元の人は「大神宮山ののぞき穴」といっている。地元中郷《なかごう》集落が生んだ国学者・田村賢孝《けんこう》が嘉永6（1853）年に建石したもので「大神宮遥拝所・いせ正めん・百六十九り・寄神山」と刻まれている。石には直径6《センチ》ほどの丸い穴が開いており、そこから覗くと169里先の伊勢神宮が拝めるとされた。

ここでは2台のマイカーを利用して、1台を下山口の大神宮山の駐車場に置き、もう1台で頂上へ登り、下降するルートとして案内する。健脚者は大神宮山の駐車場から頂上を往復するコースとして利用するとよい。

八溝嶺神社下の**駐車場**のトイレの脇から登山道に入る。茗荷《みょうが》分岐まではブナやミズナラ、カエデ類などの広葉樹が広がっている。ここは八溝山学術参考保護林で、樹齢は150年前後といわれている。

茗荷分岐から大神宮山までの尾根は幅も広く、県境を示す土塁が続いているので、これが道標代わりになる。**池ノ平**と高笹山の間は土塁に沿ったただらだらとした登り下りを繰り返す。高笹山周辺は名の通り、林床がミヤコザサで覆われている。登りついた「**高笹山**」と表示のある地点には三角点はなく、南へ200《メートル》ほど下った土塁の上にある。

高笹山から**大神宮山**へは、ほぼ下り一方で、いくつかのピークは西側を巻いて通過する。大神宮山周辺は伐採のため、以前の道は不明瞭なので、直接頂上へ出るようにする。

タクシー利用の場合は、**林道唐竹久保線**を中郷まで下るか、途中から左折して唐竹久保《からたけくぼ》へ出る。

大神宮山から高笹山を望む（頂稜の茶色い線が固定防火線）

CHECK POINT

1 駐車場から下り、しばらくは八溝山学術参考保護林で、秋にはすばらしい紅葉が迎えてくれる

2 最初は土塁を左手に見て下る。途中福島県側を歩き、茗荷分岐で右へ90度曲がって県境尾根に入る

3 土塁は主に左手にあり、右側はスギ、ヒノキの植林地帯である

4 途中の道標には茗荷川へ下る道を案内しているが、今は不明瞭で通行は難しい

5 高笹山はこの尾根上の最高峰で、北東側、鬼傾（おにがこう）や大笹山の眺望が得られる

6 土塁は固定防火線で明治42年に設定されたもの。総延長は12キロ以上にもなる

7 大神宮山山頂付近の木が大きくなりすぎ、遥拝石から見える範囲はきわめて狭い

8 林道終点の駐車場付近は、伐採がはじまり、道路も荒れ、周囲の景観も変わってしまった

■鉄道・バス

⑪八溝山①（44ページ）を参照。

■マイカー

八溝山へのマイカー利用は⑪八溝山①（44ページ）参照。大神宮山の駐車場へは大子町町付（まちつき）から県道196号を北上する。約4キロの中郷に林道唐竹久保線の入口があり、大神宮山の駐車場まで5キロである。

■登山適期

ブナやリョウブが芽吹く春、紅葉の秋がベストシーズンである。冬期、積雪により林道は通行止めになる。

■アドバイス

▽山頂までタクシーを利用した場合は、林道唐竹久保線入口まで迎えのタクシーを予約しておきたい。

▽林道唐竹久保線へマイカーを乗り入れる場合は、道路事情を観光協会へ問い合わせるとよい。

▽大神宮山付近の野外生物観察施設は老朽化したため、2018年度末撤去された。

▽大子町観光商工課、観光協会からは「大子町厳選おすすめハイキング③ 八溝山・大神宮山」が出ている。

■問合せ先

大子町観光商工課☎0295・72・1138、大子町観光協会☎0295・72・0285、滝交通タクシー☎0295・72・0073

■2万5000分の1地形図

八溝山、町付

＊コース図は46〜47ページを参照。

生瀬富士の山並み。中央右の尖っているのが生瀬富士、その右の丸い山が立神山

13 生瀬富士

岩稜をはい登り、急斜面を下り、断崖の縁をたどるなど変化のある山

なませふじ
406m

日帰り

歩行時間＝3時間45分
歩行距離＝9㎞

技術度

体力度

コース定数＝16

標高差＝325m

累積標高差 589m 589m

袋田《ふくろだ》の滝へ流れ落ちる滝川《たきがわ》をはさんで、月居山《つきおれさん》と向かい合っている山である。麓から見ると奇岩・怪石の間に老松が茂りあい、その対照のおもしろさは日本画を見るような趣がある。従来は登山道が不明な箇所があるという理由で敬遠されていたが、今は地元中学生が作った表示板などがある。急な箇所にはロープが張られ、岩場にはクサリが固定されている。

「生瀬」は土地の名前であるが、語源は「隠瀬《なばせ》」の転じたもので、川が曲がったところの浅瀬などを意味している。

生瀬富士山頂より男体山方面を見る

袋田駅からスタートする。水郡線、国道118号を横切り、**大子《だいご》町営第一駐車場**の手前まで歩く。車道から小さな標識を見て北に入る。直進すると、左に「国寿石大子硯工房岱山」の門があり、手前の人家の横が**登山口**で、右下に沢を見ながら登る。

沢底を歩くようになると伐採地に出るので、左の尾根に登る。この尾根は急で、ロープが張られている。ひと登りすると主尾根に出

■**鉄道・バス**
往路・復路＝JR水郡線・袋田駅下車。駅前から袋田温泉行きのバスもあるが便数が少ない（要確認）ので登山口まで歩く。

■**マイカー**
国道118号から袋田の滝方向に入り、大子町営の第二（手前にあり大きい）または第一無料駐車場を利用する。トイレの施設もある。

■**登山適期**
四季を通して楽しめる山だが、新緑の春、紅葉の秋から初冬までがベストシーズンである。

■**アドバイス**
▽尾根末端まで下った場合、渇水期は靴を濡らすことはないが増水時には危険なので、慎重な判断をしてほしい。
▽登山後、袋田温泉で汗を流すのもよい。時間があったら生瀬富士登山口の「国寿石大子硯工房岱山」の見学をすすめたい（要事前連絡・佐藤岱山☎0295・72・1361）。
▽トイレは袋田駅、町営駐車場、袋田の滝周辺を利用する。

■**問合せ先**
大子町観光商工課☎0295・72・1138、大子町観光協会☎0295・72・0285、茨城交通大子営業所☎0295・72・0428

■**2万5000分の1地形図**
袋田

て平坦になる。北側は植林地帯だ。
右にルートをとり、しばらく進むと急な岩場となる。ロープ、クサリに助けられて登り着くと**生瀬富士**頂上である。南北に長い頂上一帯は露岩帯で、南側、男体山方面の眺望がすばらしい。

立神山《たつがみやま》へはロープの張られた急な斜面を下る。鞍部からは雑木林の中の稜線漫歩となる。稜線の右手は急崖であるが、左手はなだらかな傾斜で、スギやヒノキが植えられ、登山道に岩場はほとんど出てこない。急な斜面にはロープが張られている。

木の間越しに月居山を見ながら、小さな上り下りを繰り返して高度を下げていくと、**四差路**（地名を「かずま」という）に出る。右へ、下りて来た尾根の側面をロープを伝わりながらトラバース気味に下る。植林地帯に入ると20本ものロープが固定されている。堰堤を歩き、茶畑を下ると滝近くの**滝美館の横**に出る。袋田の滝が近いので、見物するか、そのまま出発点に戻るかは時間しだいである。

CHECK POINT

1

水郡線の踏み切りを渡った先に、「日本二十五勝　袋田の瀧」の碑がある

2

第二駐車場から袋田の滝方向に200メートル歩いた地点に標識があり、左へ入る

3

登山口左手には「国寿石大子硯工房岱山」の門がある

4

尾根には急な部分があり、ロープに助けられる

5

頂上直下の岩場は男体山火山角礫岩で足場も多く、クサリが固定されている

6

山頂の日本山岳会茨城支部会員。南北に長い頂上稜線は北の端まで行くことができる

7

四差路は直進すると生瀬の滝の上部へ、左は小生瀬、右は袋田への道である

8

ここのロープはかなり長い距離張られている。注意して下りたい

サブコース

四差路を直進すると滝川を渡り、対岸の尾根を登って、袋田自然研究路の解説板⑥付近に出る道がある

9

こんな角度から天下の名瀑・袋田の滝を見られるのは登山者冥利につきる

10

12月の渇水期でもこのくらいの水があり、飛んで渡ることになる

四差路を直進する道は、途中右下に袋田の滝を俯瞰しながら尾根の末端へと下る。生瀬の滝上部の滝川を対岸に渡り、月居山への尾根を登ると袋田自然研究路の解説板⑥付近に出る。以降、袋田自然研究路については、⑭月居山（52ページ）を参照のこと。

＊コース図は55ページを参照。

14

月居山

つきおれさん
404m

四季折々の自然を満喫。県を代表するスポット、袋田の滝と月居山

日帰り

歩行時間＝3時間20分
歩行距離＝8㎞

技術度

体力度

コース定数	＝15
標高差	＝309m
累積標高差	↗593m ↘593m

東側苗田代集落から見た月居山。中央が北嶺で左が南嶺、その鞍部が月居峠

袋田の滝見学後は滝川を吊橋で渡る

袋田《ふくろだ》の滝は日本三名瀑のひとつで、高さ120㍍、幅73㍍、4段に落下することから、別名「四《よ》度《ど》の滝」ともよばれる。また一説には、西行法師がこの地を訪れた際、「この滝は四季に一度ずつ来てみなければ真の風趣は味わえない」と絶賛したことからとも伝えられている。

春には新緑、夏には水音がこだまし、秋には紅葉、冬には凍結の静寂さという、四季それぞれに織りなす滝の造形に、多くの文人墨客が深い感銘を受けてきた。現在でも四季を通して大勢の観光客がこの大自然を満喫している。

月居山は北嶺《ほくれい》または前山と南嶺からなる。その鞍部が月居峠で、明治19（1886）年に月居トンネルが開通するまでは、太平洋岸

■鉄道・バス

⑬生瀬富士（50㌻）を参照。

■マイカー

⑬生瀬富士（50㌻）を参照。

■登山適期

袋田の滝は四季を通してすばらしいが、月居山登山は新緑の春、紅葉の秋から初冬までがベストシーズンである。研究路の階段は、冬期の降雪後は大変危険なので要注意。正直な話、筆者は2月の凍結時に爪先だけで途中まで登り、降りるに降りられなくなり死ぬ思いで頂上まで這い上がった経験がある。

■アドバイス

▽月居峠から東へ下った先に「月居温泉滝見の湯」がある。宿は白木荘1軒だけであるが、安く泊まれる（1泊2食付き9000円〜）し、温泉の泉質は抜群によい。入浴のみも可能（大人500円）なので立ち寄りをおすすめする。

▽大子町観光商工課・観光協会から「大子町厳選おすすめハイキング②箕輪・袋田・鷲の巣山」が出ている。

■問合せ先

大子町観光商工課☎0295・72・1138、大子町観光協会☎0295・72・0285、白木荘☎0295・76・0373、硯工房岱山（要予約）☎0295・72・1361

■2万5000分の1地形図

袋田

袋田の滝下部（11月中旬）。筆者はこの角度から見る袋田の滝がもっとも美しいと思う

と大子《だいご》地方を結ぶ道筋の難所であった。なお、現在のトンネルは、昭和51（1976）年に開通したものである。

「月オレ」山は、「四季を通して月が月居山の南嶺の東に居座って昇るところから月居山とよばれるようになった」とは地元の古老の話である。また、月居山に佐竹氏の家臣・野内大膳が居城しており、野内大膳亮の法名が「月居大膳亮」、世に「月居齋」とよばれていたので、月居の名はこの大膳の法名からきているという説もある。さらには「つきおれ」は土地の古老の訛りで「つきおり」が正しいとする説もある。

袋田の滝の下、滝川にかかる吊橋を左岸に渡ると、急な鉄の階段がある。ここを起点に月居山を訪ねる一周約2キロのハイキングコースがある。そこは袋田自然研究路として整備され、12の解説板と現在地確認表示看板が設置されている。月居山登山はそのコースを歩くことでもある。

まず、**袋田の滝**を見学する。従来の観瀑台の上に2008年9月、新観瀑台がオープンし、滝の全景を見ることができるようになった。ただし、この新観瀑台はエレベーターを利用しなければならず、シーズンには時間待ちをしなければならない。

吊橋を渡り研究路に入る。この階段は急で長いので、逆周りする人が多い。しかし順路を途中の解説板を見ながら歩くことをすすめる。途中、生瀬の滝展望台へ寄り

月居観音堂下の鐘突堂付近で昼食をとる小学生

展望台からの生瀬の滝（２月）。階段が凍っている時は要注意

道をする。急な階段から山道になると月居山北嶺に出る。付近からは袋田温泉街や生瀬《なませ》富《ふ》士《じ》の眺望が優れている。

月居峠は史跡の多いところだ。急坂を下ると、右手に徳川斉昭公の歌碑、赤い屋根の月居山光明寺《こうみょうじ》観音堂、山門、光明寺境内の石仏・石塔、西行法師の歌碑などがある。また元治甲子の変では、天狗党と諸生党が戦ったところでもある。秋には大銀杏の黄葉が迎えてくれる。

峠の反対側の山道をしばらく登ると、**月居山南嶺**で、月居城址の碑が立っている。山頂は樹木が大きくなり展望はきかない。峠からは研究路の案内にしたがって下ると、茶店の**瀧見《たきみ》茶屋**の前に着く。

CHECK POINT

1

袋田駅から滝までは道路に標識があるので、それに気を紛らわせて行く

2

温泉街の最後のあたりに「四度瀧不動尊」が祀られている

3

新観瀑台から見た8月の袋田の滝、最下段の滝が見えていない

4

月居山登山はこの長い階段登りからはじまる

5

袋田自然研究路には12の解説板と現在地確認表示看板が設置されている

6

生瀬滝は袋田の滝の上部にある滝で、自然研究路から展望台に出て景観を楽しむ

7

自然研究路の解説板⑥と解説板⑦の間にはビジュアルな説明板ができた

8

月居山北嶺山頂付近からは生瀬富士、袋田温泉街などの眺望が得られる。ベンチもある

9

斉昭公歌碑には「尋ねれば　人は昔の名のみにて　雲井の月ぞすみわたりける」と彫られている

10

光明寺観音堂の中には運慶の作と伝えられる聖観世音菩薩が安置されている

11

月居山南嶺には古くは月居城があった。現在は月居城址の碑が残されている

12

この案内では「現在地確認表示看板⑪」の方への下山を考えている

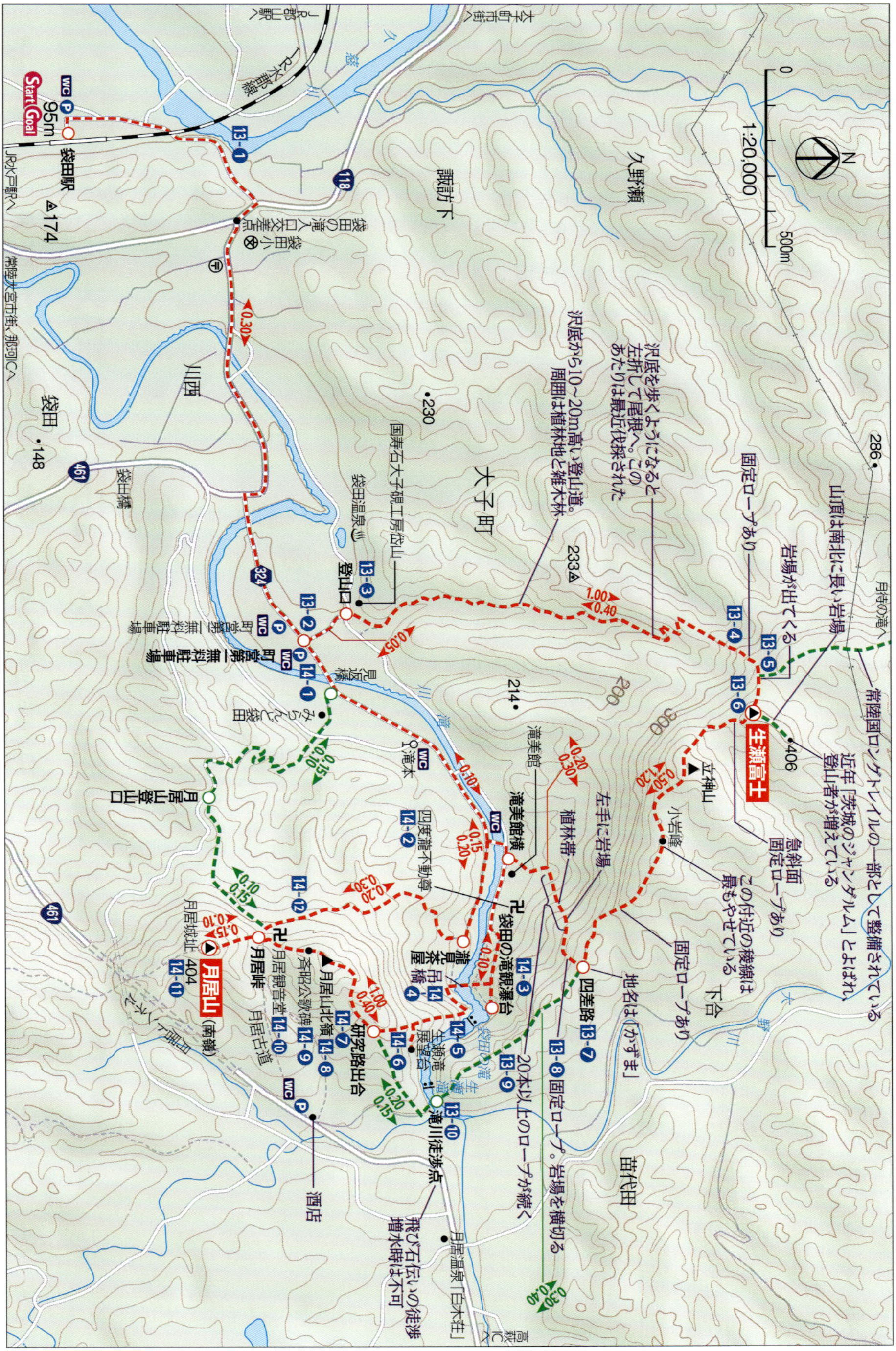

1:20,000
袋田駅
95m
Start Goal
JR水郡線
袋田の滝入口交差点
袋田小
久野瀬
諏訪下
川西
袋田
大子町
山頂は南北に長い岩場
岩場が出てくる
固定ロープあり
沢底を歩くようになると左折して尾根へ。このあたりは最近伐採された
沢底から10～20m高い登山道。周囲は植林地と雑木林
国寿石大子硯工房岱山
袋田温泉
登山口
町営第二無料駐車場
常陸国ロングトレイルの一部として整備されている
近年「茨城のジャンダルム」とよばれ、登山者が増えている
生瀬富士
406
急斜面 固定ロープあり
この付近の稜線は最もやせている
固定ロープあり
立神山
小岩峰
左手に岩場
植林帯
滝美館
滝美館横
滝本
四度瀧不動尊
袋田の滝観瀑台
吊橋
生瀬滝展望台
四差路
地名は「かずま」
固定ロープ。岩場を横切る
20本以上のロープが続く
下合
苗代田
月居山登山口
月居峠
月居山（南峰）
404
月居城址
月居山北峰
斉昭公歌碑
月居観音堂
月居古道
研究路出合
滝川徒渉点
飛び石伝いの徒渉 増水時は不可
酒店
月居温泉「白木荘」

大円地付近のパノラマラインから見た男体山(11月中旬)

15 地形が険しく、その姿は雄大で、奥久慈の自然を代表する山

男体山 ① 大円地～長福山コース

なんたいさん
654m

日帰り

歩行時間＝5時間
歩行距離＝13・6㎞

技術度

体力度

コース定数	＝27
標高差	＝589m
累積標高差	↗1152m ↘1149m

大子《だいご》町の東南部に位置し、別名「鼻欠山《はなかけやま》」とか「南台山《なんだいさん》」、「頂富士《いただきふじ》」などとよばれている。北側から東側にかけては比較的緩やかな傾斜であるが、西側と南側は断崖絶壁となっており、その名の通り、男性的な景観を呈している。

昔から男体山は農漁業の神として信仰されているが、それはこの山が海から見ると、船の位置や航路を測定する目標となっていたからである。

山頂からは、奥久慈《おくくじ》の山々や久慈川の流れが一望でき、快晴の日には遠く太平洋や富士山《ふじさん》、日光《にっこう》連山まで望むことができる。これは八溝山《やみぞさん》からの眺めとはまた趣を異にした天下の絶景である。

山頂北側にはブナ、イヌブナ、ミズナラなどの大木からなる林も見られ、植物観察の宝庫である。山頂近くにはニッコウキスゲも開花する。

西金駅《さいがね》から登山口の**大円地《おおえんち》**までは1時間ほど歩くことになる。前方に目指す山並みを見ながらのアプローチは、山へ入る気分が高揚すること間違いない。さらに途中右手の崖に「1650万年前のゾウ類足跡化石」という珍しいものを見ることができる。

大円地山荘横の茶畑の中の道を行くと、左に健脚コースが分かれる。見上げると男体山南面の岩場

北沢集落付近から行く手に、男体山から南に続く稜線を見る

1等三角点がある山頂。周囲の木がのびて眺望は狭い

↑男体山山頂の角礫岩の上に、一間四面のコンクリート造りの男体神社（石宮）が建立されている

←神社のある方の山頂より長福山が眼下に見える

が圧し掛かるようだ。

植林地を登ると、登山道の傍らに大きな角礫岩が出てくる。しだいに沢の源流部に入り、登りきった鞍部が**大円地越**《おおえんぢごえ》である。ベンチもあり休憩にはよい場所だ。男体山へは、急な尾根の側面をひと登りし、尾根上に出て、小さな登り下りを繰り返して進む。右から持《もち》方《かた》集落からの道を合わせ、さらに尾根上を行くが、左手は急な崖のため気をつけたい。

男体山頂上（西の男体神社付近）らの大眺望はすばらしい。「林道パノラマライン」の名称はこの眺望からきていると納得する。

長福《ちょうふく》集落へは北への山稜をしばらく行き、**上小川駅分岐**《かみおがわ》で「至上小川《かみおがわ》駅」の道標にしたがい左へ下る。付近の山林は、2002（平成14）年の山火事で焼失したもので、焼け焦がれた残骸が痛々しい。一方、大子町立南中学校生徒によるカラフルな表示板が目を楽しませてくれる。下りきった広場は駐車場で、左手奥に**男体神社**がある。パノラマラインへは250メートルほど

■鉄道・バス

往路＝最寄りの下車駅はJR水郡線西金駅だが、水郡線のダイヤは少ない。参考までに首都圏からのダイヤを記すと、上野駅発5時11分では西金駅着は8時40分、上野駅発7時2分では西金駅着は10時23分である。

復路＝JR水郡線上小川駅を利用。

■マイカー

常磐自動車道を那珂ICで降り、国道118号を約28キロ、約1時間北上する。大子町に入り、湯沢入口を右折して、パノラマラインの大円地集落付近の駐車場を利用する。

■登山適期

四季を通じて楽しめる山であるが、新緑の春、紅葉の秋から初冬をすすめたい。

■アドバイス

▽男体山山頂付近には夏にはオオスズメバチの巣があるので注意したい。

▽大子町観光商工課・観光協会からは「大子町厳選おすすめハイキング①男体山・湯沢峡」が出ている。

▽常陸国ロングトレイルの一部として、男体神社から直接長福山に登り、長福神社に下る道が整備された。

■問合せ先

大子町観光商工課☎0295・72・1138、大子町観光協会☎0295・72・0285

■2万5000分の1地形図

大中宿

＊コース図は62～63ページを参照。

手入れの行き届いたスギ林を通り上小川駅へ下る

長福観音下の約300段の石段は急なので、左脇の道を登ってお堂に出ることもできる

であり、近くの畑の中に小さなトイレがある。**長福観音**はパノラマラインから旧道に入り、石段脇を登った先にある。本尊は十一面観世音である。

下りは長福観音の階段下の道を北西に向かい、林道を横切り、**長久保分岐**で**上小川駅**への道に入る。道標もあり間違うことはない。途中、長福寺に詣でる。古分屋敷の弘法堂と、この長福寺には大町桂月の歌碑、「久慈の奥　男体山を仰ぎ見て　画を学ばんと思ひけるかな」がある。

長福寺の大町桂月歌碑。奥左長福山、中央男体山

CHECK POINT

1 湯沢分岐では古分屋敷、大円地へは左の道を行く。右折する道は湯沢峡、つつじヶ丘方面へ

2 古分屋敷には数台の駐車スペースとトイレがあり、眺望はすこぶるよい

3 大円地の駐車場は広く、付近の林道脇にも駐車可能。トイレも設置されている

4 大円地山荘(営業は金〜日曜／要予約)の横から山に入る。正面は男体山の南の崖

5 途中左へ健脚コースを分ける。このコースは東日本大震災の際、岩場の一部が崩れた

6 大円地越には以前はあずまやがあったが今は撤去されている

7 登山道の左手には崖に注意するようクサリの柵が設けられている

8 山頂から一段下にあずまやがある。健脚コースはそこへ登り着く

9 男体神社の主神は伊嵯諾尊であり、男体山は昔は女人禁制の山であった。社殿奥が白糸の滝

10 長福山山頂には道標C-37が設置され、木の間越しに男体山が見える(サブコース)

11 長福観音下の旧道を北西に進み、パノラマラインを横切って上小川駅に下る

12 長福寺は安産、虫切りの霊場として知られている。広い境内にはシャクヤク、花菖蒲苑がある

16

白木山の麓の持方集落は平家の落人の里、常陸の秘境といわれた

男体山②・白木山・高崎山

日帰り

歩行時間＝3時間50分
歩行距離＝8㎞

技術度 ■■□□□
体力度 ■□□□□

なんたいさん 654m
しらきさん 616m
たかさきやま 594m

コース定数＝17
標高差＝209m
累積標高差 ↗699m ↘699m

北側の大子町苗代田付近より見た白木山。右の稜線が男体山からの山稜に繋がっている

11月初旬の持方集落。後ろは白木山と高崎山間の稜線（白木山頂はもう少し左の方で見えない）

男体山の東麓には、平家の落人の里とも常陸《ひたち》の秘境ともいわれた持方《もちかた》集落と安寺《あでら》集落がある。さすがに現在は車道も通じているし、すばらしい自然景観を堪能できる武生《たきゅう》林道も開通している。しかし、登山の対象としての山は静かで、訪れる人を必ず満足させてくれるエリアである。

大子《だいご》町と常陸太田《おおた》市水府《すいふ》地区との境に2つの山がある。ひとつは白木山で山中の雑木林にはヤマザクラのほか、ヤマツツジ、モミジ、コナラ、リョウブなどの落葉樹が多く見られる。もうひとつは高崎山で、北西にある白木山との間の峠からかすかなトレイルがある程度の山である。

ここではマイカーを利用し、男体山から白木山、高崎山とめぐるコースを紹介する。

すいふ恵海《めぐみ》の森駐車場から、手入れの行き届いた植林地を男体山に向かう。人家をすぎ、林道の終点から左に入り、小さな水流を越したところから尾根に取り付く。雑木林からスギ林になり、また雑

男体山から白木山分岐までの尾根は雑木林のなか、新緑の緑が目に眩しい

木林になると大円地越《おおえんちごえ》からの道が合流する。ここから山頂へは10分足らずである。**男体山**山頂の男体神社の石の宮は西の峰に鎮座する。北に下るとあずまやがあり、ここへ西側から健脚コースが登ってきている。さらに北へ登下降しながら高度を下げると、右に持方集落、さらに左に長福観音分岐で**上《かみ》小川《おがわ》駅方面への道を分け**、稜線漫歩が続く。春は新緑、秋は紅葉を愛でながら進むと、白木山と**袋田温泉への分岐**に出る。

白木山への道は白木もみじ尾根といわれ、秋にはすばらしい紅葉を楽しめるが、長らく林道工事のため迂回路を通っていた。現在は工事も終了したので尾根通しに白木山へ行くことができる。このコ

落葉を踏みながら、白木つつじ尾根を下り、二段峠へ

■鉄道・バス

往路・復路＝JR水郡線常陸太田駅と常陸大子駅を結ぶ路線バスは本数が少なく、入合（いりあい）バス停から登山口までは峠越えをしなければならない。マイカー利用がベストである。

■マイカー

常磐自動車道を日立南太田ICで降り、常陸太田市の市街地を抜けて広域地方道33号（常陸太田大子線）を約1時間北上する。国道461号に入り大子町小生瀬（こなませ）の入合で左折して、持方集落のすいふ恵海の森駐車場を利用する。または国道118号から国道461号に入り、月居トンネルを潜ったらすぐに右折し林道水根持方線を行き、前述の駐車場を利用する。

■登山適期

白木つつじ尾根、白木もみじ尾根など仮称されているように、その花期に訪れてみることをすすめる。

■アドバイス

▽常陸太田市水府産業観光課からは「竜神峡・男体山周遊ハイキングMAP」が出ている。

▽近くには外大野のシダレザクラ、沓掛峠の

外大野のシダレザクラ

ースは「奥久慈トレイル50K」の一部になっているため、白木山直下には直径20ミリもある太いロープが張られている。

白木山山頂からの眺望は、冬場以外ほとんどなくなってしまったのが残念だ。

高崎山への尾根は白木つつじ尾根といわれ、途中に恋人峠があり、下りきると**二段**《にだん》**峠**に出る。そこからは、持方集落の里のたたずまいや男体山の雄大な眺めが見わたせる。峠から高崎山入口の道標を見て急登する。尾根道になり、ほどなく**高崎山**山頂に着く。雑木林の中で眺望はない。

峠に戻り、車道を下り、**出発地点**に戻る。


ヤマザクラ群などがあり、シーズンには多くの観光客でにぎわう。

■問合せ先
常陸太田市水府地域振興課☎0294・85・1111

■2万5000分の1地形図
大中宿

二段峠から持方集落を見る。遠景中央やや左が男体山

CHECK POINT

1 すいふ恵海の森駐車場には、持方集落が管理するトイレが設置されている

2 男体山火山角礫岩には階段が刻んである。古くからの信仰の強さを感じさせる

3 大円地越からの登山道が合流すると頂上は近い。左手は急崖なので注意して登りたい

4 山頂の1等三角点の脇にはNHK奥久慈男体テレビ中継放送所のアンテナが立っている

5 袋田の滝への分岐にて。袋田の滝方面へは左の急な石の坂道(見返坂)を下る。

6 林道水根(みずね)持方線は2017年に完成した。林道から白木山への登山口

7 白木山山頂直下には直径20ミリもある太いロープが固定されている

8 白木山山頂からは北東の三鈷室山や北西の八溝山、高笹山などが見わたせたが、視界がせばまった

9 恋人峠という小さな峠に、持方集落で「粋な看板」を立てた

10 ツツジの時期もよいが、明るくなった秋の尾根歩きも爽快だ

11 高崎山への登山道はないが、二段峠から微かな踏跡がついている

12 高崎山山頂には4等三角点標石があり、踏跡は安寺集落方面にのびている

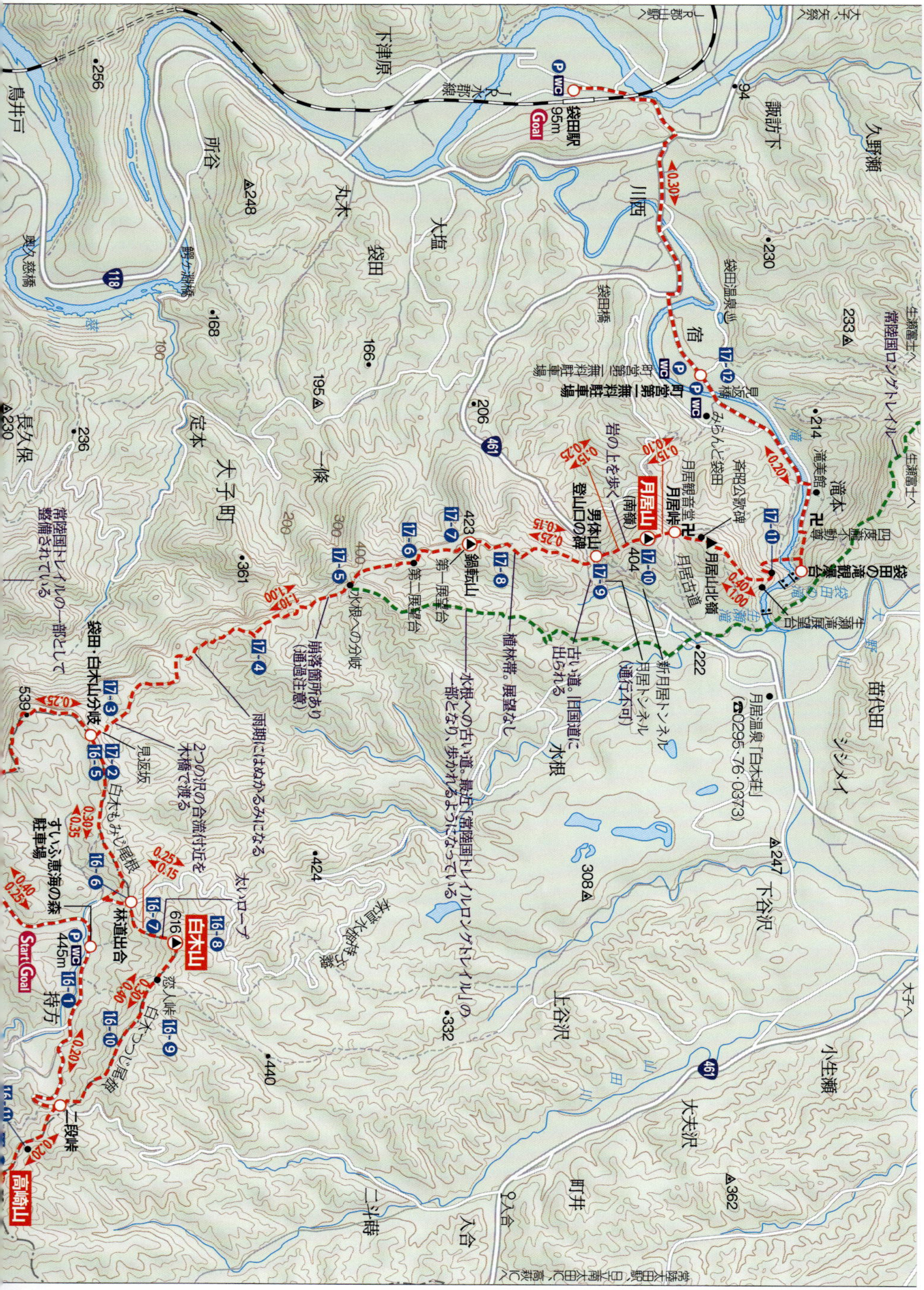

袋田駅
95m
Goal
JR水郡線
下津原
鳥井戸
所谷
丸木
大塩
袋田
川西
宿
諏訪下
久野瀬
袋田温泉
見返橋
袋田橋
町営第二無料駐車場
みかんど袋田
月居峠
月居山
(南峰)
404
月居観音堂
斉昭公歌碑
岩の上を歩く
男体山登山口の碑
月居山北峰
月居古道
袋田の滝観瀑台
滝本
滝美館
四度の滝不動
生瀬滝展望台
常陸国ロングトレイル
423
鍋転山
第一展望台
第二展望台
植林帯。展望なし
水根への分岐
崩落箇所あり
(通行注意)
古い道。旧国道に出られる
新月居トンネル
月居トンネル
(通行不可)
月居温泉「白木荘」
☎0295・76・0373
水根への古い道。最近「常陸国トレイルロングトレイル」の一部となり、歩かれるようになっている
雨期にはぬかるみになる
袋田・白木山分岐
見返坂
2つの沢の合流付近を木橋で渡る
白木もみじ尾根
すいふ恵海の森
駐車場
林道出合
445m
Start
Goal
太いロープ
白木山
616
恋人峠
白木つつじ尾根
持方
二段峠
高崎山
常陸国トレイルの一部として
整備されている
大子町
定本
一條
長久保
水根
苗代田
シジメイ
下谷沢
上谷沢
小生瀬
大夫沢
町井
入合
二斗蒔

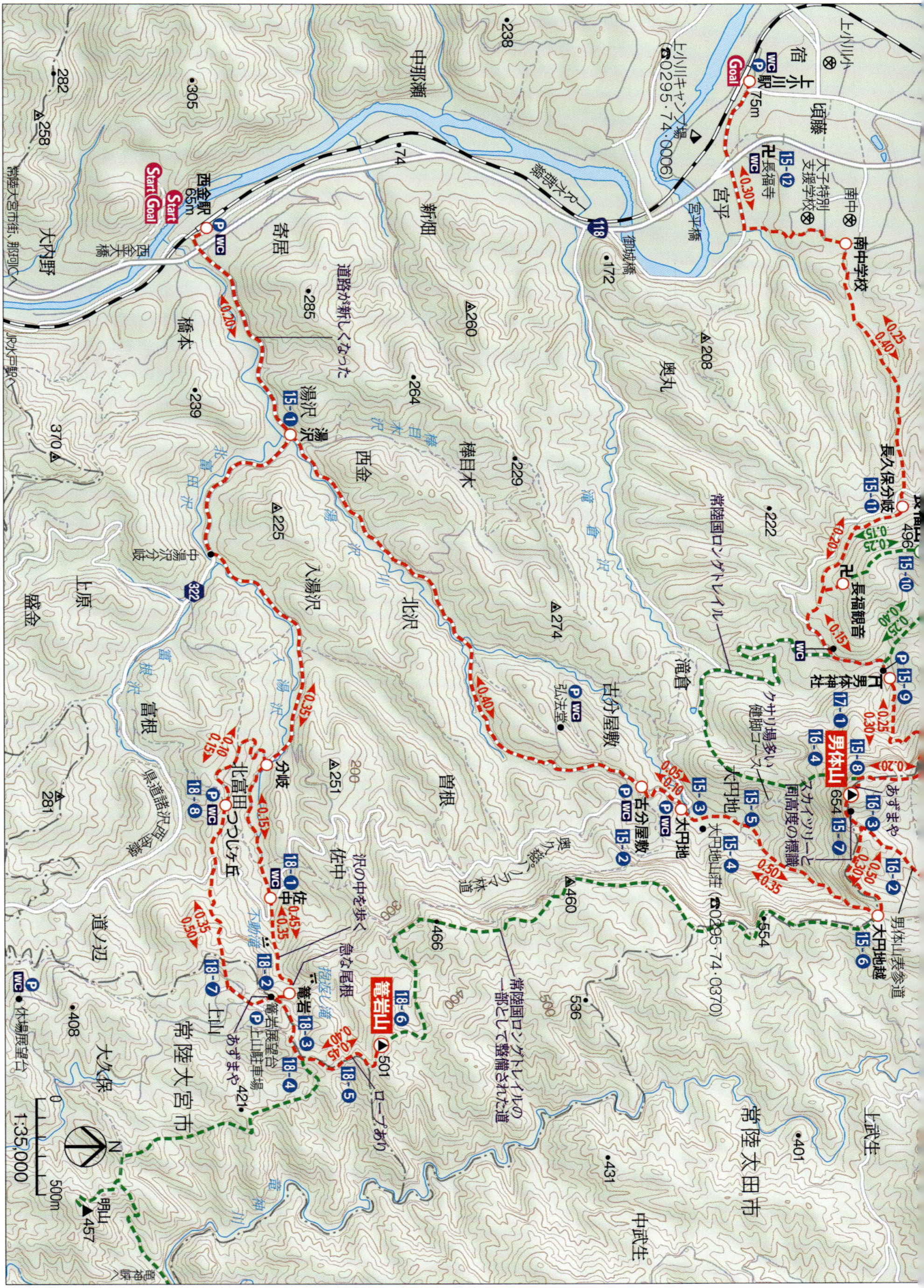

西金駅
65m
Start
Goal
上小川駅
75m
湯沢
分岐
北富田
つつじヶ丘
佐中
竜神山
竜神山
男体山
654
大円地
大円地越
古分屋敷
長福寺
長福観音
男体神社
長久保分岐
南中学校
常陸太宮市
常陸太田市
1:35,000

第一展望台よりの西側の眺望（中央奥の集落は大子町下津原、久慈川はその手前を流れている）

17

一幅の南面を見るような男体山から観光地ナンバーワンの袋田の滝へ

男体山 ③ 男体山～袋田の滝縦走

なんたいさん 654m

一泊二日

歩行時間＝6時間50分
歩行距離＝15・5㎞

技術度
体力度

コース定数＝31
標高差＝589m
累積標高差 ↗1360m ↘1332m

茨城県内の山で、マイカーを利用し効率よく登ろうとすれば、宿泊を伴う山はないといえる。しかし、あえて一泊二日として、ゆとりをもって山登りを楽しもうとするなら、このルートは最適である。

一泊二日のコースとして、山麓・山中の宿泊地を考えてみる。男体山登山口にあり、手打ち蕎麦で知られている大円地《おおえんち》山荘は以前は宿泊可能であったが、消防法改正により宿泊営業を取りやめてしまった。男体山から縦走し、月居山付近から東に下れば月居温泉滝見の湯・白木荘がある（52㌻脚注参照）。縦走後に下る袋田《ふくろだ》温泉街には何軒ものホテルがあり、のんびりと汗を流して休める。

いずれに宿をとるかは、各人の好み、予算、体力などに応じて決めるとよいだろう。

コースは、大円地から男体山山頂までは⑮男体山①（56㌻）を、男体山山頂から白木山《しらきさん》分岐までは⑯男体山②（59㌻）を参照のこと。

白木山との分岐から左手へ急下降する。ここは通称「見返坂《みかえりざか》」で、角礫岩の部分には階段状に足場が切られ、クサリも設置されている。古くからの男体山参詣路であることがうかがえる。

下りきると左右から沢が落ちてきており、2つの沢の合流点付近を木橋で渡る。その先は東（白木山）側を、さらには山稜の西（長福山）側を横切るように進むが、展望もなく、現在地点がわかりにくいところだ。しかし、登山道も道標も整備されているので迷うことはない。

第二展望台、さらに第一展望台の**鍋転山《なべころがしやま》**では西側の眺望が開ける。

月居山方面への下りは植林地

■鉄道・バス
往路＝⑮男体山①（56㌻）を参照。
復路＝⑬生瀬富士（50㌻）を参照。

■マイカー
二日目の行動を考えるならば、マイカーは西金駅際の駐車スペースに置きたい。

■登山適期
紅葉の時期から、木々が葉を落とし山が明るくなった時期がおすすめ。

■アドバイス
▽西金駅際の駐車スペースに車を置いた場合、日帰り登山も充分可能。
▽縦走路から白木荘へ行くには、月居峠から月居古道を東へ下る。国道461号へ出れば10分足らずだ。翌日は峠へ登り返し、袋田の温泉街に下る。その後は、生瀬富士へ登ったり硯工房の見学をしたりすることもできる（⑬生瀬富士50㌻参照）。
▽男体山周辺の山に登る場合、麓のキャンプと組み合わせるのも一興である。JR水郡線上小川駅付近には多くのキャンプ場がある。

■問合せ先
大子町観光商工課☎0295・72・1138、大子町観光協会☎0295・72・0285、大円地山荘☎0295・74・0370、白木荘☎0295・76・0373、上小川キャンプ場☎0295・74・0006

■2万5000分の1地形図
大中宿、袋田

で、左に「国道461号」への道が分岐する。下りきった鞍部には古い「**男体山登山口**」の石柱が建っている。

月居山への登りは部分的に岩場が出てくるが、クサリも設置されている。**月居山**南嶺には月居城址の碑が立っている。**月居峠**から**袋田の滝**、袋田温泉を経て袋田駅への道程は、⑭月居山（52ページ）および⑬生瀬富士（50ページ）を参照のこと。

マイカー利用の場合、登山後は水郡線を利用して出発点に戻る。

月居山南嶺直下より来し方を望む。かなり尾根が入り込んでいるのがわかる

CHECK POINT

1 男体山山頂の祠は、1933（昭和8）年1月24日、旧上小川村と旧高倉村の共同で完成したものである

2 白木山分岐にはベンチもあるので、ゆっくり休んでエネルギーを補給したい

3 見返坂の下で、木橋で沢を渡る。このあたりが最も山深い雰囲気のところである

4 縦走路の道標は整備されているので迷うことはない

5 古い水根への道はあまり使われていなかったが、「茨城県北ロングトレイル」の一部になり歩かれるようになった

6 第二展望台には「第二展望台」と刻まれた横型の石が置かれている

7 第一展望台には「第一展望台」と刻まれた縦型の石が置かれている。屋根のついた休憩所もある

8 国道461号へのエスケープルート。東日本大震災の後通行禁止となった

9 水根への分岐付近には古い「男体山登山口」の石碑がある。白木荘泊の場合、ここから右に下ってもよい

10 月居山南嶺の山頂に「本丸5間に10間、二の丸5間に12間、三の丸14間に16間」の月居城があった

11 四季折々、いつ訪れてもみごとな景観を見せる袋田の滝。11月中旬、滝上部の紅葉

12 2万5000分の1地形図の表記「袋田温泉」付近から見た月居山。左が北嶺で右が南嶺

＊コース図は62〜63ページを参照。

途中にある標高約460数ﾒｰﾄﾙのピークから見た篭岩山（左）

18 篭岩山

かごいわやま 501m

湯沢峡谷から神秘的な雰囲気が漂う篭岩、静かな篭岩山を往復

日帰り

歩行時間＝5時間
歩行距離＝14㎞

技術度
体力度

コース定数＝22
標高差＝436m
累積標高差 792m 792m

渇水期の不動滝は水量が少なく迫力に欠ける

篭岩山は大子《だいご》町北富田《きたとみた》にある山で、篭岩とは異なる。上山《うやま》集落から登山道が整備されており、頂上から男体山《なんたいさん》方面の眺望がよい。湯沢《ゆざわ》峡は、巨岩が散在するハイキングコースである。行く手を阻む岩壁の間を岩や石に印された矢印を道案内にたどる、ハイカー好みの峡谷だ。

源流に入ると、自然林を割って一直線に滝壺に落ちる不動滝《ふどうだき》が現われる。細い滝だが自然の営みの力強さを見せつけられる。

篭岩は、高さ数百ﾒｰﾄﾙの断崖が長年の風雨によってえぐられた洞穴である。中には16体の石仏が安置されており、十六羅漢像といわれている。付近は神秘的な雰囲気が漂っている。

西金《さいがね》駅から**湯沢**集落へいたり、二股は右折する。さらに中湯沢で県道諸沢《もろさわ》西金線と分かれて左折し、2・3ｷﾛを歩いて、**佐中《さじゅう》**で奥久慈パノラマラインに出る。民家の垣根沿いに山道に入り、しだいに谷がせばまると不動滝だ。急な

■鉄道・バス

往路・復路＝最寄りの駅はJR水郡線西金駅だが、先にも記したように水郡線のダイヤは少ない。事前に充分に調べてから計画したい。

■マイカー

駐車場としてはつつじヶ丘が最適である。20台ほど駐車可能だし、りっぱなトイレも設えられている。その上、長福山、男体山、奥久慈岩稜などの眺望がすばらしい。国道118号の西金駅入口から県道諸沢西金線を詰めて、パノラマラインの南端から北上し、つつじヶ丘へ出る。

■登山適期

湯沢峡源流部は夏には快適であるが、冬期は氷が発達するので登山には適さない。ツツジが満開のころをすすめたい（7ﾍﾟｰｼﾞ写真参照）。

■アドバイス

▽つつじヶ丘駐車場利用の場合は、篭岩山のあと次項で紹介する明山へ回ることも可能（分岐～明山間約2時間）。上山集落の駐車スペースを利用すると、さらに効率よく篭岩山と明山に登山することができる。途中の休場（やすんば）展望台にはトイレもある。

▽マイカー利用の場合の立ち寄り湯としては、やまがたすこやかランド・三太の湯☎0295・57・4126がある。

▽大子町観光商工課・観光協会から

篭岩展望台よりの西側の眺望。中央には赤色に染まるつつじヶ丘が、少し上には展望台も見える

篭岩山山頂より男体山を望む

篭岩山手前の岩場は平らで快適な場所だ

岩場を越すとせまくなった沢沿いに、固定ロープに助けられながら登ることになる。増水時や凍結時には充分に注意したい。

　沢の本流が左に曲がると、急な尾根になり、ここでもロープに助けられる。**篭岩**には斜度のあるハシゴで登り下りする。篭岩のすぐ上が赤い鉄製の展望台で、来し方の眺望に優れている。

　展望台近くのあずまやから雑木林の中を登り、小ピークを越すと篭岩山と明山《みょうやま》への分岐に出る。左の道をしばらく行くと展望のよいピークに立つ。北方に見えるこれから行く篭岩山は、頂上付近に平らな岩場があるので明瞭だ。

　ピークの下りも急な角礫岩が露出していて、ロープに助けられて

は「大子町厳選おすすめハイキング①男体山・湯沢峡」が出ている。

■問合せ先
大子町観光商工課☎0295・72・1138、大子町観光協会☎0295・72・0285

■2万5000分の1地形図
大中宿

＊コース図は62～63ページを参照。

CHECK POINT

1 パノラマラインとの交差点には小さいながらトイレが設置されているが、鍵が壊れているので要注意

2 湯沢峡の川沿いの道を固定ロープに助けられて通過する

3 篭岩の洞窟内部。洞窟に登るハシゴは長く急なので、安全性を点検してから登りたい

4 明山への分岐は直進する。この分岐には上山集落から直接来る道もある

5 急な岩場を固定ロープに助けられて通過する

6 篭岩山山頂には3等三角点が埋設されている。山頂からの眺望は前㌻を参照

7 上山集落から西金駅へ下る分岐の道標は何箇所かある

8 つつじヶ丘の駐車場。トイレの裏を登ると展望台もあり、一段と眺望が開ける

つつじヶ丘より男体山方面を望む(左が男体山、南面の岩場が荒々しい)

下りる。その後もロープが設置されている箇所があり、慎重に登り下りする。

頂上直下は尾根上に平らな角礫岩が露出しており、その上を歩く。**篭岩山**頂上は狭く、北の男体山方面のすばらしい眺望が得られる。

帰路は往路を上山集落まで戻るが、いくつかの枝道もあるので迷い込まないよう慎重に行動したい。

上山からは道標にしたがい、**つつじヶ丘**経由で**西金駅**に戻る。

パノラマラインに下り立つとつつじヶ丘は近い

19

水清く伝説の多い亀ヶ淵から明山を往復し、武生神社を訪れる

明山

みょうやま
457m

日帰り

歩行時間＝5時間20分
歩行距離＝13km

技術度
体力度

コース定数	＝26
標高差	＝277m
累積標高差	1146m 1146m

宝剣洞展望台からは、正面にピラミダルな明山を望むことができる

明山山頂からは大展望が広がる。奥久慈の盟主・男体山も大きい

竜神峡《りゅうじんきょう》の亀《かめ》ヶ淵《ふち》南方に位置する明山は、武生《たきゅう》林道の宝剣洞《ほうけんどう》展望台から眺めるとピラミダルな実に形のよい山である。竜神峡からと常陸大宮《ひたちおおみや》市山方《やまがた》町大久保集落から登山道がある。この山は「あけやま」と紹介されている場合もあるが、三角点「点の記」の点名に「みょうやま」とルビがあることより、これにしたがった。

竜神大吊橋は、V字形の美しい渓谷の中を流れる竜神川を堰き止めた竜神ダムの上にかけられている。歩行者専用として375メートルの長さを誇り、ダム湖面よりの高さは100メートル、橋の上からは四季折々のパノラマが楽しめる。

亀ヶ淵は千鳥の形に似ているので千鳥《ちどり》ヶ淵《ふち》ともいわれ、水面は青く底は深い。この淵に木石を投げ入れると、雨が降り水嵩が増すという伝説があり、里人は旱天が続くと、この淵にやってきて木石を投げて雨乞いの神事を行っていた。伝説によると、この淵の底は大子《だいご》町上小川《かみおがわ》の鰐《わに》ヶ淵《ふち》に通じているとも、常陸太田《おおた》市天下野《けがの》百目木《どうめき》

■鉄道・バス
山田川上流部の山々に登るには、JR水郡線の常陸太田駅で下車後バス利用となるが、山での行動時間が短くなり、実際的ではない。マイカーを利用する登山者が大半である。

■マイカー
常陸太田市街から広域地方道33号（常陸太田大子線）を北上し、竜神ダムサイトの駐車場を利用する。

■登山適期
このコースのほとんどは、トレイルランニング「OSJ奥久慈トレイル50K」と重なっているため、よく整備されている。冬場の積雪時、凍結時以外は適している。

■アドバイス
▽常陸太田市より「竜神峡・男体山周遊ハイキングMAP」が出されている。
▽マイカー利用の際の立ち寄り湯に、ふるさとセンター・竜ちゃん乃湯（☎0294・87・0543）がある。
▽篭岩山と明山を効率よく登るには、常陸大宮市山方町上山集落付近の駐車スペースを利用するとよい。途中の休場（やすんば）展望台（63ジ参照）にはトイレもある。

■問合せ先
常陸太田市水府地域振興課☎0294・85・1111

■2万5000分の1地形図
大中宿

明山山頂より俯瞰した竜神峡大吊橋に泳ぐ鯉のぼり

亀ヶ淵までの間に数箇所の休憩所、あずまや、トイレが整備されている

武生神社の太郎杉

の源太淵《げんたぶち》に続いているともいわれ、また淵の水は、日立《ひたち》市水木《みずき》町の泉《いずみ》ヶ森《もり》に吹き出しているとも言い伝えられている。

ここでは竜神ダムサイトの駐車場をスタート地点として案内する。

竜神ダムサイトから広い車道が亀ヶ淵まで続いている。全長約3・7キロの舗装道は、ダム管理事務所の見回りの車が走る以外は歩行者の専用道路である。左手下に展開する浸食作用でできた竜神川V字形峡谷は、あちこちで瀬や淵を作っている。また、途中にトイレやあずまやがある休憩所もあり、対岸には登高欲をそそられる明山が見られる。亀ヶ淵は水清く、神秘的な雰囲気が漂い、伝説が生まれる雰囲気をもっている。

亀ヶ淵で竜神川を渡り**三《みつ》葉《ば》峠**を目指す。頂上直下には長い固定ロープが張られている。これを登ってもよいが、さらに道なりに進むと、急な部分を巻いて**明山**山頂に達することができる。眺望はすばらしい。

亀ヶ淵に戻り、武生神社への道は、2つの沢の間の尾根を登り、右の沢を横切って植林地に入る。ひと登りして尾根に出ると北側が開け、中武生山《なかたきゅうさん》が正面に大きい。

途中分岐もあるが、**宝剣洞展望台**で武生林道に出て、**武生神社**に詣でる。3000坪を超える境内にはスギの巨木が生い茂り、文化財指定の本殿も美しい。

竜神ふるさと村を経て、急な階段を下り出発点に戻る。

CHECK POINT

ダムサイトの駐車場は空いていることが多い。トイレは近くの竜神カフェでお借りする

表示は小まめにつけられている。大吊橋料金所へはダム堰堤を渡り、右岸の山道を登らなければ行けない

亀ヶ淵下部を渡り、三葉峠へ登る。渇水期は飛石伝い(写真は3月中旬)

途中の新しい道標。亀ヶ淵720㍍、明山570㍍、竜岩2.7㌔と書いてある

三差路の三葉峠で亀ヶ淵から登って来て左へ直角に曲がり尾根道を明山に向かう

明山直下には長いフィックスロープが張られているが、右手からの道を回り込む

亀ヶ淵から尾根を約100㍍登ったところにある武生神社への道標

武生神社境内にはスギの巨木が多い。本殿裏の太郎杉は推定樹齢約800年

20

金砂山合戦の舞台、1200年の歴史絵巻を繰り広げる祭礼の地

西金砂山

にしかなさやま
412m

日帰り

歩行時間＝3時間10分
歩行距離＝8・7km

技術度
体力度

コース定数＝15
標高差＝316m
累積標高差 625m 625m

西側大草原集落から見た山頂の本殿

常陸太田《ひたちおおた》市上宮河内《かみみやかわち》町にある山で、常陸五山のひとつである。かつては東金砂山《ひがしかなさやま》、竪破山《たつわれさん》などとともに茨城の修験道の重要な拠点であった。山頂の岩頭には西金砂神社本殿が建ち、東西に展望台が設けられている。西側の展望台の下は100㍍以上も切り立った断崖であり、奥久慈《おくくじ》さらには日光《にっこう》や那須《なす》連山のすばらしい展望が得られる。かの徳川斉昭公も「眺むれば心の隅も打ちはれてさやかに匂ふ遠の山の端」と絶賛したという。

西金砂山には「頼朝の金砂攻め」として史上名高い金砂城址があった。また、南北朝争乱期に南朝方と激戦を交えた時の籠城の地ともなった。北朝方の佐竹氏が西金砂山

西金砂神社の小祭礼（2015年3月26〜29日）

■鉄道・バス
往路・復路＝JR水郡線常陸太田駅で下車。バスを天下野宿バス停まで利用する。下高倉行きの始発バスは7時56分で天下野宿着は8時32分、復路の天下野宿発最終バスは17時18分（いずれも週末・休日の場合）。

■マイカー
常陸太田市街から広域地方道33号（常陸太田大子線）を北上し、東金砂神社の大鳥居の100㍍手前の小道を左折して天下野公民館の駐車場を利用する。また、西金砂神社まで南東から林道西金砂線、南から林道大藪蜂巣線が通じているので、神社詣には便利に利用できる。

■登山適期
一年を通して楽しめるが、多様な植物が生育する山なので、新緑、紅葉の季節を推奨したい。

■アドバイス
▽「ふるさと歴史民俗伝承館」は2019年4月1日、「杜の湯」は2015年3月22日で利用休止となった。付近のトイレは使用できる。

西金砂神社祭禮道

に籠城の都度戦いが有利に展開したので、金砂山は佐竹氏開運の山として崇敬された山であり、神社でもあった。

西金砂神社は大同《だいどう》元（806）年創建であるが、天下泰平、五穀豊穣、万民法楽祈願をする二大祭りを行っている。磯出《いそで》大祭礼（72年ごとの未歳《ひつじどし》に執行）と小祭礼（6年ごとの丑《うし》・未歳に執行）である。第17回の大祭礼は2003年に、第200回の小祭礼は新型コロナ感染症により、1年遅れて、2022年3月に行われている。

この山には自然が多く残されており、南側斜面には暖地性植物であるシダ類、スダジイ、カシ類、タブノキ、カゴノキ、北側斜面には山地性の植物イヌブナ、イヌシデなど多くの植物が生育しており、観察会などに適している。

天下野《けがの》公民館から山へ向かい、逆川《さかさがわ》を渡った先から右手の**祭禮道**へ入る。途中歌仙《かせん》坂という急登もあるが比較的歩きやすい山道で、1時間ほど行くと**天下野口鳥居**に着き、すぐ下の林道（大薮蜂《おおやぶはち》巣《す》線）に出る。**西金砂神社**の鳥居はすぐ先である。左手に神社の御神木であるイチョウとサワラの県指定の天然記念物の巨木がある。石段を登ると旧拝殿跡、続いて現在の拝殿がある。さらに急傾斜の階段を登りきると、角礫岩の岩頭にある西金砂神社本殿に着く。ここが**西金砂山**山頂で、西側の眺望はすばらしい。

安龍《あんりゅう》ヶ滝へは、本殿裏を下り道標にしたがって進む。三角点をすぎると急な尾根の下降になり、

逆川に下り立つ。**安龍ヶ滝**は下部から見上げるように道ができている。普段の水量は少ない。神社へ戻るには逆川沿いの比較的平坦な道を登り、祭禮道の**鳥居**際に出る。

　下りは往路を戻る。

西金砂神社本殿横の展望台から西方の眺望

CHECK POINT

天下野公民館の駐車場は広いが、トイレは公民館が開いている時しか使えない

「西金砂神社祭禮道」の碑の反対側に祭禮道入口がある。畑の中へ入っていくような感じである

祭禮道の天下野口鳥居の下が林道大薮蜂巣線で、すぐの川が逆川である

鳥居脇のイチョウとサワラの巨木は樹高約30ﾒｰﾄﾙ、推定樹齢740年

斉昭公歌碑は最初の石段を上がった旧拝殿跡地にある。1988(昭和63)年に拝殿は現在地に移った

現在の西金砂神社拝殿。床下にはいろいろな動物の像が置かれていて楽しい

拝殿裏の急な階段を登った岩頭に本殿がある。東と西に展望台があるが、東の眺望はよくない

渇水期(3月中旬)の安龍ヶ滝はこんな水量だった

▽立ち寄り湯としては、神社より林道西金砂線を約5ｷﾛ下ったところに、日帰り入浴施設・金砂の湯（☎0294・76・9919）がある。JA常陸が運営する施設で、そば処や農産物直売所も併設、金砂地区特産の味覚を堪能することができる。

金砂の湯

そば処・金砂庵

■問合せ先
常陸太田市金砂郷地域振興課☎0294・76・2111、茨城交通太田営業所☎0294・72・2191
■2万5000分の1地形図
山方

21

東金砂山

ひがしかなさやま

481m

地元の人たちから「お東さま」とよばれる信仰の山、田楽舞は有名

日帰り

歩行時間＝2時間20分

歩行距離＝7km

技術度

体力度

コース定数＝13

標高差＝389m

累積標高差 570m 550m

林道上原東金砂線から東金砂山付近を望む

毎年2月11日に行われる嵐除祭。四段からなる田楽舞の三鬼舞の場面

常陸太田市《ひたちおおた》天下野《けがの》町に位置する山で、常陸五山のひとつである。「関東の比叡山《ひえいざん》」ともいわれる。西金砂山と一対で見られることが多く、近郷近在の人たちからは「お東さま」「お西さま」とよばれ、深い信仰の対象とされてきた。

西金砂山の神であった女神が東金砂山の神に嫁いできたという伝説があるほか、この山で起こった雷は、常陸の国一帯に雨を降らせるといわれ、「金砂の雷は一国の雨」という諺があるなどさまざまな言い伝えが残されている。

山頂付近にある東金砂神社は延暦年間の創建で、県指定の樹齢500年のモチノキが御神木である。祭礼としては、田楽舞が執行される2月11日の嵐除祭《らんじょさい》と、12月13日の十二合祭（金砂祭）がある。さらには、仁壽元（851）年3月の第1回執行以来、今日まで72年ごとに執行される東金砂神社磯《いそ》出《で》大祭礼（大田楽）」がある。

■鉄道・バス

往路＝JR水郡線の常陸太田駅から茨城交通バスを利用し、天下野宿バス停で下車する。竜神大吊橋行きの始発バスは7時56分、天下野宿着は8時32分（週末・休日のみ）。

復路＝竜っちゃん乃湯近くの天下野六区バス停から常陸太田駅に出る。最終バスは平日が17時15分、週末・休日は14時59分。なお後者のバスに間に合わない場合は、2キロほど歩いて天下野宿バス停へ行けば最終17時18分のバスがある。

■マイカー

天下野公民館の駐車場を利用する。また、東金砂神社まで三方向から車道が通じているので、神社詣には便利に利用できる。鳥居前に駐車スペースがあり、トイレもある。

■登山適期

四季を通して楽しめる山であるが、ぜひ2月の嵐除祭に訪ねてほしい。

■アドバイス

▽東金砂神社一帯を東金砂山と呼称しているが、三角点は北の標高459メートル地点にある。4等三角点で、点名は「金砂山」。

▽登山後の立ち寄り湯としては、ふるさとセンター・竜っちゃん乃湯（☎0294・87・0543）がある。

■問合せ先

常陸太田市水府地域振興課☎0294・85・1111、茨城交通太田営

山田川に架かる九輪塔橋付近から望む西金砂山から北へ続く山並み

仁王門前の階段

歴史ある旧参拝道を辿って、東金砂山を目指す

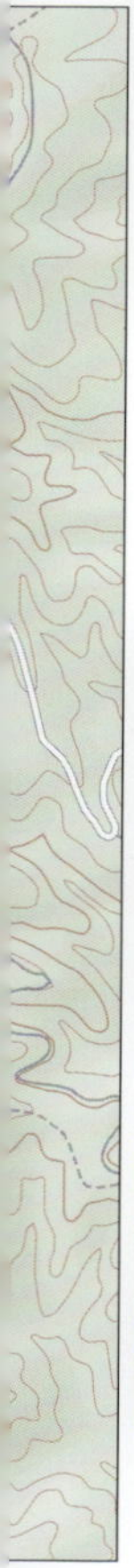

田楽は、田の神を祭り、農夫の苦労を慰め、豊作を祈願する宗教的儀式から発したもので、東金砂神社の祭事における神事とされている。田楽舞は、四方固め、獅子舞、巫女舞、三鬼舞の四段に分けて行われる。なお、東金砂神社と西金砂神社の田楽舞は茨城県の無形民俗文化財に指定されている。

スタート地点は、**天下野宿**のほぼ中央にある東金砂神社の赤い大鳥居である。山田《やまだ》川を渡り、舗装道路をひたすら登るので単調だが、後方には西金砂の山が展開するので、そちらにも気を配りたい。ほぼ2キロ進み、右の**旧参拝道に入る**。両側にスギの大木が残る細い山道で、古い石仏なども見られる。

登りきったところは林道で、先ほどの舗装の道はすぐ左手である。人家が出てきて、前方に木の鳥居が見えるあたり

東金砂神社・御神木のモチノキは、樹高8メートル、直径1メートル、推定樹齢500余年。県の天然記念物に指定されている

業所☎0294・72・2191
■2万5000分の1地形図
大中宿

に、左手から**林道上原《うえはら》東金砂線**が合わさる。

直進するとまもなく朱塗りの鳥居があり、これをくぐって境内に入る。階段を登ると左に仁王門への階段、さらに田楽堂への階段、つりがね堂への階段、本殿への階段と続いている。

本殿へお参り後、下りは先ほどの林道上原東金砂線をとる。幅員4メートルの舗装道路である。しばらく下ると正面に西金砂の山々の眺望も開け、約3・5キロで竜《た》っちゃん乃湯に着く。山田川を渡ったところに**天下野六区バス停**がある。

CHECK POINT

東金砂神社の赤い大鳥居は主要地方道33号(常陸太田大子線)際に建っている

柏貫(かやぬき)集落を抜け、人家がなくなってから、右に旧参拝道への入口がある

神社門前の鳥居。鳥居の前は駐車場(10台程度)になり、トイレもある

田楽堂では毎年2月11日の嵐除祭の日、田楽舞が行われる

大きく伐採され山田川対岸の山々が見える。竜神大吊橋とその上に明山

林道上原東金砂線は通行する車が少なく、冬場でも登り下りできるので便利だ

途中にある東金砂神社への道標。数は少ないが迷うことはない

竜っちゃん乃湯は水府竜の里公園に隣接し、日帰り入浴のほか食事や宿泊も可能

22

鍋足山

近年登山道が再整備された、国民体育大会のコースにもなった名山

なべあしやま
529m

日帰り

歩行時間＝4時間15分
歩行距離＝10・5km

技術度
体力度

コース定数＝**18**
標高差＝336m
累積標高差 738m 738m

頂上直下を登る

岩盤をすべり落ちる中ん滝

常陸太田《ひたちおおた》市の里美《さとみ》地区と水府《すいふ》地区の境に位置する山。3つのピークがあり、その山容が三脚の鉄鍋の鼎《かなえ》の足に似ていることから鍋足山と名づけられた。また、この山には岩松が多数生えていることから「岩松山」との別名もある。地形図表示の鍋足山には三角点はなく、北の峰に三角点がある。山名の由来から考えて、この周囲一帯を鍋足山というのであろうが、その山頂はどこかというと、信仰の山であることを考慮するなら、祠のあるピークということになろう。

鍋足山には多くの滝があり、古くから鍋足四十八滝と呼ばれていた。小さい沢にも必ずといってよいほど滝がかかっており、ちょっと雨量が増すと麓から滝が見えたのだろう。しかし、植林が進んだ現在では高差のある北《きた》ノ入《いり》滝、中《なか》ん滝も麓からは見えない。夏場は下草が多くたどり着くには多少難儀するが、一見の価値はある。

里美ふれあい館から常陸太田市役所里美支所の脇を通り、山に向かう。突き当たりは鬱蒼とした林に囲まれた大《おお》中《なか》神社である。右折すると大中コース入口はすぐだ。車道を沢沿いに登る。周囲は美しいスギ林だったが、近年伐採され

■**鉄道・バス**
JR水郡線常陸太田駅から里美方面へのバス便は少なく、登山には不向き。マイカー利用が現実的である。

■**マイカー**
常磐自動車道日立南太田ICから、国道349号を約33キロ北上して里美地区に入り、国道沿いの里美ふれあい館の駐車場を利用する（利用時間9〜17時）。最近、この駐車場から大中神社への直線道路ができた。

■**登山適期**
四季を通して楽しめる山だが、木々が葉を落とし山が明るくなった晩秋以降をすすめる。

■**アドバイス**
▽鍋足山周辺から三角点峰周辺は、男体山火山角礫岩が露出し滑りやすい。ロープは張られているが充分注意したい。
▽マイカー利用の場合の立ち寄り湯としては、里美温泉保養センター・ぬく森の湯（☎0294・82・3366）がある。
▽常陸太田市里美支所里美地域振興課では「鍋足山周辺案内図」を発行している。

■**問合せ先**
常陸太田市里美地域振興課☎0294・82・2111

■**2万5000分の1地形図**
大中宿・袋田

写真左の一番高いところが、鍋足山山頂。右側に見える顕著なピークが三角点のあるピーク（里美地区から）

CHECK POINT

1 大中神社本殿は江戸時代中期に、熟練した宮大工の手によって完成したと考えられている

2 頂上手前から角礫岩の上を登るようになる。「ごじら岩」などという表示板がつけられた

3 鍋足山山頂での記念撮影。2014年JAC茨城支部忘年山行

4 急なザレ場にはロープが固定されており、それを頼りに下る

5 3等三角点で標高は552メートル、三角点名は「笹原入」（ささばらいり）である

6 三角点ピークから先にも岩場があり、フィックスロープを利用する

7 右へ下る小中コースは、途中尾根を乗り越す登りもあり長く感じられる

8 猪ノ鼻峠には広い駐車スペースがあり、トイレも設置されている

てしまった。

車道の終点には地図入りの新しい案内板がある。ここから山道になる。**北沢峠への分岐**からは南北に走る尾根を北へ登る。近年、この尾根の途中にも「やぶこうじ台」「涼風台」「ごじら岩」「東展望台」などの表示がつけられた。頂上手前から角礫岩の上を登ることになる。**鍋足山**頂上の小さな石祠と松の木は、いかにも地元の守神の雰囲気を醸し出している。360度の大展望が得られる。

頂上からの下りは急な崖で、ロープに助けられる。次のピークに

里美ふれあい館でのかかし大会。背景の山は鍋足山

は近年、「次峰山（第2峰）」の山名板がつけられた。展望台下分岐までは鍋足山から約400㍍で、ここから沢沿いに笹原《ささばら》に下る道もある。

樹林帯を急登して稜線に上がり、いくつかの登り下りを繰り返すと、**三角点のあるピーク**に出る。ここからは南側の眺望が優れている。

下りは2つ3つの小さなピークを越え、**小中宿《こなかしゅく》への分岐**に出る。猪《い》ノ鼻《はな》峠へは直進し、3つほどのピークを越える。周囲はよく手入れのされた植林地帯だが眺望はない。**猪ノ鼻峠**から国道へ下りたあとは里川右岸の道を歩くとよい。

三角点のあるピークより見た鍋足山（写真中央、2つのピークのうちの左）

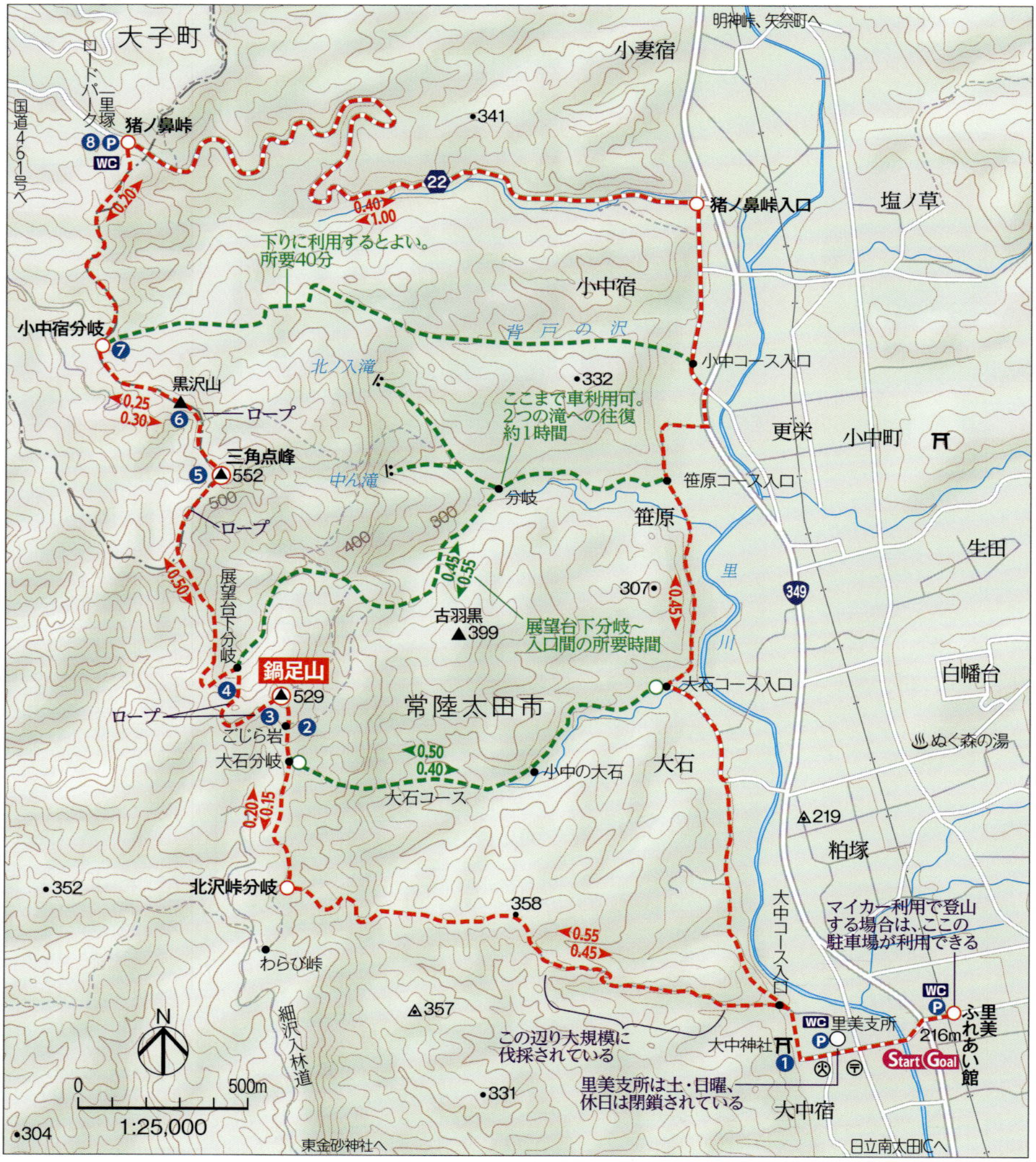

23

地域住民の信仰を集める水郡線沿いの里山。イワウチワの群生地

熊の山・盛金富士

くまのやま　306m
もりがねふじ　341m

日帰り

歩行時間＝4時間10分
歩行距離＝8km

技術度
体力度

コース定数＝16

標高差＝286m

累積標高差　677m　677m

下小川橋より熊の山付近を望む

国道118号から見た盛金富士

JR水郡《すいぐん》線の下小川《しもおがわ》駅付近からは、久慈《くじ》川をはさんで東と西に2つの山が見える。東の山が熊の山（熊野山の表記もある）で、頂上に熊野神社の祠がある。頂上からは360度近い眺望が得られる。

西の山を盛金富士といい、山頂に富士権現の石祠がある。頂上から北側は八溝山《やみぞさん》までの眺望がよく、南側は足下に蛇行する久慈川の清流が俯瞰できる。近年北側中腹で大がかりな伐採が行われ、山の趣きが変わってしまったが、さえぎることのない大眺望が得られるようになった。

2つの山とも信仰の篤さを強く感じさせる山である。毎年祭礼にあわせて整備に力を入れているので、危険な箇所もなく、安心して登れる。さらに春にはイワウチワの群落ができるので、心から推薦したい山のひとつである。

下小川駅を出て左へ行き、踏切を渡ってから**平山《ひらやま》橋**を渡る。国道118号を横断して道標にしたがい車道を上がる。

尾根道になると、道は雑木林の中で広く歩きやすい。途中の**見晴台**からは西側の山々が見わたせる。三角点のある山、さらに2つのピークを越すと、下小川橋経由で駅に行く道の**分岐**に出る。右に

■**鉄道・バス**
往路・復路＝JR水郡線下小川駅。近くには「下小川周辺ハイキングコース」の案内板がある。

■**マイカー**
常陸大宮市街から国道118号を北上し、下小川駅の駐車場を利用する。トイレも駅のものを借用する。

■**登山適期**
四季を通して楽しめる山であるが、4月初旬のイワウチワの満開の時期をすすめる。

■**アドバイス**
▽イワウチワの群落は、盛金富士では頂上近くにある。熊の山では上高塚山と呼称されている北の370メートルピークの方が量も多く美しい。
▽下小川駅前の道路は狭く、盛金富士東山麓の砕石採取場のダンプカーが頻繁に通るので注意したい。
▽マイカー利用の場合の立ち寄り湯としては、やまがたすこやかランド・三太の湯（☎0295・57・4126）がある。
▽マイカー利用の場合の立ち寄りスポットとしては、西ノ内紙・紙のさと（☎0295・57・2252）がある。

■**問合せ先**
常陸大宮市山方地域センター☎0295・57・2121

■**2万5000分の1地形図**
大中宿・山方

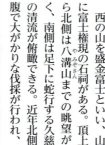

熊の山山頂より山また山が連なる北方を望む。中央右の町並みは水郡線西金駅付近、右最奥は八溝山

CHECK POINT

1 平山橋は、増水時の対策を兼ねて欄干がなく、「地獄橋」ともいわれている

2 見橋台からは西側の盛金富士方面がよく見える。ベンチもある

3 熊の山山頂は広く、新しい奉納物もある。信仰の篤さを強く感じる場所だ

4 盛金富士登山口の鳥居の額には「富士神社」、表示は「富士山頂へ登古道」とある

5 中腹では大規模な伐採が行われ、景観が一変してしまった

6 盛金富士山頂には祠だけではなく、三角点の横にテーブル、ベンチもある

7 標識のあまりない樹林帯を下りてきて、この石碑から左下へ鋭角に曲がる

8 右下には砕石工場が見下ろされる。周囲の手摺は工場があるので注意の意味か

下り、高井釣《たかいづり》への分岐は左に登る。高塚山《たかつかやま》への道標を見て、鳥居をくぐる。200段ほどの石段を登ると**熊の山**山頂である。山頂には覆いをかけた「熊野神社」の石碑と個人が立てたりっぱな石の山名板がある。展望は雄大で、遠くは八溝山、近くは上《かみ》高塚山と、その右には奥久慈の盟主・男体山《なんたいさん》が見わたせる。

下小川駅への道標のある**分岐**まで戻り、植林地帯を下る。道標にしたがい国道118号の赤い橋をくぐり、下小川橋に出る。

盛金富士の**登山口**は下小川駅の手前にある。鳥居をくぐり、自然林の山道を登ると、伐採地に出て大展望が得られる。伐採地の上部にベンチがある。そこから**尾根**の階段を進む。春にイワウチワの群落が見られるのはこのあたりだ。まもなく**盛金富士**山頂で石碑とベンチやテーブルがあり、3等三角点標石もある。

下山路は南への急斜面で、赤や黄色のテープが目印になる。採石工場上部から左折して、パイプの手摺りのある道を下る。右下に砕石工場が見え、人家が出てくると**下小川駅**は近い。

↑イワウチワの群落

←盛金富士山頂から見た久慈川の流れ。舟生橋がかかり、上を国道118号が通っている

24

尺丈山

しゃくじょうさん
511m

「百樹の森」を有する茨城県内有数の眺望の山

日帰り

歩行時間＝1時間30分
歩行距離＝3・7km

技術度

体力度

コース定数＝7

標高差＝201m

累積標高差 251m 251m

尺丈山北側は広く伐採され大きな眺望が広がる。遠景左端は県最高峰の八溝山方面

常陸大宮《ひたちおおみや》市美和《みわ》地区、大子《だいご》町、栃木県那珂川《なかがわ》町に接する山である。古生代の堆積岩から成り、鷲《とり》子《のこ》層群、八溝《やみぞ》層群に属していて、岩質は砂岩、粘板岩などである。

山名の由来について次のような謂れがある。「昔、親鸞《しんらん》聖人の孫にあたる如真上人が布教のため大子町相川《あいかわ》（番所があった）へ行く途中、道を間違えて仲河戸《なかごうと》の谷を通ったという。その時休息した山の上の祠に尺丈（錫丈《しゃくじょう》）を忘れたといわれ、以来この山を尺丈山とよぶようになった」とか。

山頂直下に立つ休憩小屋の内部

南西の仲河戸川より登山道もあるが、山頂直下（九合目下）まで未舗装の車道が通じている。山頂付近はよく整備され、休憩小屋も設けられている。なお、この山頂付近は2001（平成13）年4月と2004年4月の2回、山林火災に遭った。被害面積4ヘクタールという大火災であった。

尺丈山「百樹の森」は、森の生態系の復元と里山づくりを目指し、1997（平成9）年度から広葉樹などの苗木を植栽し、百年後の森づくりを行っている。これには市民はもちろん、県外からも参加者がいる。「子育てと木を育て

■鉄道・バス

往路・復路＝最寄りの高部バス停から登山口までは5キロ近くあるだけに、登山には不向き。マイカー利用が現実的である。

■マイカー

常陸大宮市街、宇都宮方面からは国道293号を走り、常陸大宮市高部から北上する。その後和田川、仲河戸川に沿って走り、仲河戸上集落最奥にある登山口の駐車場を利用する。

■登山適期

早春から晩秋までいつ訪れてもよい森林浴の山であるが、地元住民を主に「百樹の森づくり」に励んでいることを考えると、新緑の候、紅葉の時期をおすすめする。

■アドバイス

▽下山は「ピジョン美和の森」の中を通る車道を歩き、樹木の発する香気を味わいたい。

▽マイカー利用の場合の立ち寄り湯は、美和・ささの湯（☎0295・58・2682）、立ち寄りスポットとしては、鷲子山上神社（☎0287・92・2571）、道の駅「みわ」（☎0295・58・3939）がある。

■問合せ先

常陸大宮市役所美和支所☎0295・58・2111

■2万5000分の1地形図

常陸大沢

ることは周囲の人々が愛情を注ぐという点で同じ」という育児用品メーカーの赤ちゃん誕生記念植樹の活動も加わり、ブナやコナラ、ヤマザクラなどがすくすくと育っている。『尺丈山「百樹の森」森づくりボランティア協議会』は、2009（平成21）年に「全国育樹活動コンクール」において農林水産大臣賞を受賞し、2011年には第28回緑化推進運動功労者として内閣総理大臣表彰を受けている。

仲河戸川上流の**登山口**には大きな看板がある。そこには「尺丈山百樹の森登山口、山頂まで1・2キロ、徒歩約40分」と書かれている。付近には数台の駐車が可能である。

植林地帯の中の登山道はよく整備され、一合目ごとに立派な柱が立てられている。30分強の登りで駐車場がある**九合目下**に出て、「尺丈山頂」への案内にしたがい階段道を上がる。

尺丈山頂上部は広く平坦で、北の端に尺丈山神社、その裏手に三角点、南の端に展望デッキのある休憩小屋がある。神社付近には樹木が生い茂っているが、それ以外は伐採されていて、すばらしい展望が得られる。

下山は、**九合目下**まで通じている車道を下る。

CHECK POINT

1 登山口付近の路肩には5～6台の駐車が可能である（トイレはない）

2 廃屋を右手に見て雑木林の中を5分弱登ると、「一合目」の大きな柱がある

3 植林帯を登ると立派な道標が立ち、ところどころにベンチも設けられている

4 頂上部南側に立つ展望テラスつきの休憩小屋。地域のボランティアの人々により清潔に保たれている

5 頂上部の広場北側には尺丈山神社、その裏側には3等三角点が置かれている

6 「ビジョン美和の森」内の林道を登山口へと下る

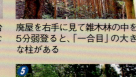

茨城県の山
COLUMN 02

奥久慈・県北の立ち寄り湯

茨城県県北の山間部は、温泉の多いところである。県北の山を登った際に立ち寄って、汗を流し、疲れを癒せる温泉をいくつか紹介しよう。

大子温泉保養センター「森林《もり》の温泉《いでゆ》」

内風呂、気泡風呂、ドライサウナ、水風呂、大露天風呂の5種類の浴槽からなり、その中でも自然林に囲まれた広大な露天風呂は自慢のひとつだ。空を仰ぎ、星を仰ぎ、山々を眺めながらの温泉気分は、安らぎと心地よさを与えてくれる。

大子町矢田／☎0295-72-3200／営業時間 10：00〜20：00／休み 毎月第1・第3水曜（祝日の場合は翌日)、年末年始／料金 710円

道の駅「奥久慈だいご」

平成10（1998）年4月17日に「道の駅」に登録されたもので、気軽に立ち寄り、心身を癒すことができるように、観光物産館に県内はじめての温泉入浴施設を備えた。大型映像画面や各種の情報案内機器、軽食レストラン、売店、ギャラリーなども充実。

大子町池田／☎0295-72-6111／温泉入浴／11：00〜20：00／休み 毎月第1・第3水曜（祝日の場合は翌日)、1月1日／料金 500円

月居《つきおり》温泉「滝見の湯」

袋田の滝上流部にある月居温泉は、地域民の温かい手によって管理運営されている。休憩所を兼ねた食堂では、地場産のそば粉で打った本物の手打ちそばを賞味できる。宿泊施設「白木荘」が併設されている。

大子町小生瀬／☎0295-76-0373／入浴時間 8：00〜19：00／休み 毎週火曜／料金 500円／「白木荘」1泊2食付き9,000円〜

「湯楽《ゆら》の里」日立店

常磐道日立南ICを降りて20分、国道245号からやや入ったところにあり、海まで徒歩1分の立地。大展望露天風呂、サウナ、岩盤浴、食事など一日楽しめるくつろぎのスペース。

日立市河原子町1-1-6／☎0294-25-4126／営業時間9：00〜深夜1：00／休み 不定休（年に数回）／料金950円〜

やまがたすこやかランド「三太の湯」

この地域に伝わるやさしい巨人「三太伝説」から命名された。ゆったりとした内風呂・露天風呂・気泡湯などで良質の温泉を楽しむことができる。

常陸大宮市諸沢／☎0295-57-4126／営業時間 10：00〜21：00（平日は20：30）／休み 毎週水曜（祝日の場合は翌日）／料金 700円〜

西金砂湯けむりの郷「金砂の湯」

地下から汲み上げた「西金砂天然水」を使用した湯、地元の恵みをうけた台地の味覚が自慢のくつろぎスペース。

常陸太田市上宮河内町／☎0294-76-9919／営業時間 10：00～17：00／休み 毎週水・木曜（祝日の場合は金曜）／料金 700円～

ふるさとセンター「竜っちゃん乃湯」

水府竜の里公園に隣接する温泉施設。露天風呂付きの「さくらの湯」とサウナ付きの「もみじの湯」があり（日替わりで男女入れ替え）、日帰り入浴のみならず、食事や宿泊にも利用できる。

常陸太田市天下野町／☎0294-87-0543／営業時間 10：00～20：00／休み 毎週火・水曜（祝日の場合は翌日）、年末年始／料金 700円～／宿泊 1泊2食付10,450円

里美温泉保養センター「ぬく森の湯」

阿武隈山系の豊かな自然に囲まれた日帰り入浴施設。63畳の広々とした休憩室のほかに、プライベートを大切にしたい人には個室タイプの休憩室（有料、要予約）もある。

常陸太田市大中町／☎0294-82-3366／営業時間 10：00～20：00／休み 毎週木曜（祝日の場合は翌日）、年末年始／料金 600円～

中郷温泉「通りゃんせ」

常磐自動車道「高萩IC」からほど近い、中郷（なかごう）工業団地のそばに建つ日帰り温泉。館内には大広間、食事処もあって入浴客でにぎわう。

北茨城市中郷町日棚／☎0293-44-0026／営業時間 10：00～20：00／休み 毎月第1・第3水曜（祝日の場合は翌日）、年末年始／料金 600円～

ごぜんやま温泉保養センター「四季彩館」

かぶり湯、薬湯、低温風呂、露天風呂など8種類の浴槽が楽しめる。温泉には鉄分が多く含まれ茶褐色である。

常陸大宮市長倉／☎0295-55-2626／営業時間 10：00～21：00（平日は20：30）／休み 毎週木曜（祝日の場合は翌日）／料金 700円～

美和「ささの湯」

「星のふるさと」常陸大宮市美和地区に誕生した温泉施設。木の香りに包まれて、のんびりゆったりと自然を満喫できる。全国でも珍しい、船のスクリューで流れを起こす「流水浴」がある。

常陸大宮市氷之沢／☎0295-58-2682／営業時間 10：00～21：00（平日は20：30）／休み 毎週月曜（祝日の場合は翌日）／料金 400円～

城里町健康増進施設「ホロルの湯」

「小鳥のさえずり、森林をわたる風、満天の星空…大自然に包まれて憩う、森林のオアシス」がキャッチフレーズ。大浴室、薬湯、露天風呂、サウナのほかに温水プール、ジャグジープール、幼児プールがあり、レストランなどの施設も充実している。

城里町下古内／☎029-288-7775／営業時間 10：00～21：00（平日は20：00）／休み 毎週月曜（祝日の場合は翌日）／料金 700円～

※利用料金は営業日や営業時間で異なる場合があります。
※表示の料金は大人料金です。

里見牧場内のプラトーさとみから見た三鈷室山（遠景中央／頂上の施設は撤去）

25 三鈷室山

里美の尾根道をゆったりと登り、800㍍を超える山々の散策を楽しむ

さんこむろさん 870m

日帰り

歩行時間＝2時間55分
歩行距離＝9㎞

技術度
体力度

コース定数＝13
標高差＝340m
累積標高差 443m 443m

山頂の三鈷室の石祠。周囲の樹木が大きくなり眺望は得られない

常陸太田《ひたちおおた》市の最北端にある山で、福島県矢祭《やまつり》町との境になっている。頂上にあったNTTドコモの無線中継所は撤去され、現在は広場の中央に三鈷室の石祠が祀られている。なお、「三鈷」とは密教の仏具の一種で、狼や猪の害を除くため、この山で祈祷をして、塚に三鈷を収めたという伝承が山名の由来となっている。

里川《さとがわ》宿の登山口にも寛政10（1798）年建立の三鈷室の碑がある。碑文は判読しづらいが、概説すれば「宝亀7(776)年に行基大師が里川集落に来訪して、民衆に災いを及ぼす狼の害を除くため高峰を開き三鈷の室と名づけた。その後、数百年を経て、再び狼害が出はじめたので、さらに前の峰を開いて妙見を祭祀し、里川集落の守護として現在に到っている」となる。この碑は常陸太田市の民俗文化財に指定されている。

■鉄道・バス
JR常陸太田駅から里川方面へのバスはあるものの、ダイヤは極端に少なく登山には不適。マイカー利用でなければ登れない山といってよい。

■マイカー
常陸太田市方面から国道349号を北上し、福島県境約1㌔手前から主要地方道22号（北茨城大子線）に入る。里川宿の三鈷室の碑がある登山口付近に約10台の駐車スペースがある。

■登山適期
新緑のころ、紅葉の秋がよいが、近くの七反にシダレザクラとしては県内最大級の巨木があるので、その開花時期に訪れることをすすめたい。

■アドバイス
▽麓の住民の話によると、登山者は春先こそ見られるが、夏以降は少ないという。
▽駐車スペースの付近にはトイレはない。事前に道の駅などですませておきたい。
▽立ち寄りスポットには、七反のシダレザクラ、猿喰の大ケヤキ、泉福寺のシダレザクラ、根岸のため池（スイレン）などがある。

■問合せ先
常陸太田市里美地域振興課☎0294・82・2111

■2万5000分の1地形図
磐城片貝

駐車スペースから案内板と三鈷室の碑の間の道を山に入る。しばらく登ると、右手に里川霊園を見る。ここで二股になる。左は従来の道だが最近は登る人が少ないようで、下草に覆われ倒木も出てくるので、直進しよう。登るほどに急になり、やがて**熊穴《くまあな》林道**に出る。

林道は幅も広く、下草も少なく歩きやすい。標高740㍍付近で林道から離れ、左の**山道に入る**。この地点にコマクサ会の唯一の道標が残され、「山頂まで1880㍍」とある。

道の左手には高さ約50㌢の土塁が続いている。倒木も出てくるが、右手から回り込んで道が続いているので、雑木林を進む。

「頂上まで100㍍」の朽ちた案内板が出てくると、すぐ上が**三鈷室山**頂上である。頂上広場の中央に三鈷室の石祠が設置されているが、周囲の木々が大きくなり四方の眺望は得られなくなってしまった。

下山は、山頂まで舗装道路が上がってきているのでそれを下る。**市道岡見《おかみ》線**を右折して里川宿の**駐車スペース**に戻る。

CHECK POINT

1 登山口の案内板は判読不可能。常陸太田市に改善を要求したい（左手に三鈷室の碑）

2 三鈷室の碑は1982（昭和57）年7月1日常陸太田市の民俗文化財に指定された

3 右手に里川霊園を見る。この霊園は常陸太田市の公営霊園のようだ

4 熊穴林道は荒れてはいないが、「崖崩れ注意」の箇所もあるので注意しよう

5 林道から山頂へのコース入口の道標。コマクサ会の道標の残りである

6 三角点は取り付け道路のガードレールの最上端から20㍍ほど下ったところにある

7 無線中継所への取り付け道路を下ると、生活道路である市道岡見線に出る

8 市道岡見線の途中にある室下湧水、冷たい水が喉を潤してくれる。里川宿へ1.1㌔。

植物・野鳥・昆虫の宝庫に入るには「図鑑」は手放せない装備

栄蔵室・花園山・和尚山

えいぞうむろ　881m
はなぞのさん　798m
おしょうやま　804m

日帰り

①栄蔵室・花園山　歩行時間＝2時間55分　歩行距離＝8km　技術度　体力度
②和尚山　歩行時間＝45分　歩行距離＝1.1km　技術度　体力度

コース定数＝①12②3

標高差＝①111m②139m

累積標高差　↗455m ↘455m　↗137m ↘137m

標高740〜760㍍の亀谷地湿原に咲くミズバショウ

ツツジの季節だったのが目に幸いした

栄蔵室は北茨《きたいばらき》城市の北西部に位置する山で、山頂には1等三角点とNTTドコモ栄蔵無線中継所の巨大な鉄塔が建っている。北茨城市では、福島県境に位置する八溝山《やみぞさん》（1022㍍）と高笹山《たかざさやま》（922㍍）を除き、純粋に県内にある山としては栄蔵室が最高峰と解釈している。この「誇り」もあり、周囲の登山道を整備し、案内板や道標を立てるなどしている。山名の由来は、昔、栄蔵という猟師が山中に小屋掛けをしていたことによるといわれている。

花園山は栄蔵室の東約1㌔にある山で、栄蔵室との周回コースが整備されている。この山の南に花園神社があり、その付近一帯は、アズマシャクナゲの群生地で、花の盛りには一面花園のようになり、それが地名・山名の由来である。

また、この一帯は野鳥の宝庫で、春はオオルリ、ミソサザイなど、夏はアマツバメ、キビタキ、秋はジョウビタキ、モズ、冬はキジ、ヤマドリなど四季を通してバードウオッチングが楽しめる。

和尚山は県内の多賀《たが》山地では最も北に位置する山である。山頂近くを主要地方道27号（塙大津《はなわおおつ》港

■鉄道・バス
この山域に入る公共交通機関はないので、マイカー利用に限られる。

■マイカー
常磐自動車道を北茨城ICで降りて、県道27号を花園渓谷に沿って進む、花園橋から約4㌔で左に猿ヶ城林道を分ける。この林道の下部は道幅が狭いので、さらに27号を4㌔ほど進み、亀谷地湿原側から入る。数百㍍で北登山口の看板に出合う。付近には数台の駐車が可能である。

■登山適期
この山域は植物・野鳥・昆虫の宝庫である。そういう目的も兼ねる登山であれば、春から初夏が適期である。特にアズマシャクナゲの満開時は見逃せない。秋の紅葉もすばらしい。

■アドバイス
▽猿ヶ城林道は冬期は通行禁止になるので、事前に確認した方がよい。
▽トイレは山に入ると亀谷地湿原にしかない。華川町花園の県道27号沿いにある花園もーるには休憩施設、トイレもあるので利用したい。
▽登山後の立ち寄り湯としては、中郷温泉・通りゃんせ（☎0293・44・0026）がある。

■問合せ先
北茨城市商工観光課☎0293・43・1111

■2万5000分の1地形図
磐城片貝

新緑の緑が眩しい登山道。小鳥の声を聞きながら進む

CHECK POINT

1 猿ヶ城林道の亀谷地湿原側から入り、しばらく先の林道脇に数台分の駐車スペースがある

2 栄蔵室登山口の案内板、コースの順に1から8まで番号がふられている

3 道標3の先で小川を渡り、登り坂になる

4 「栄蔵室展望富士見台」からは、奥久慈男体山のすぐ右に富士山が見えることもある

5 栄蔵室には1等三角点があり、直下にNTTDoCoMo栄蔵無線中継所の鉄塔が建っている

6 道標6。展望台、山頂を通らず栄蔵室林道通しに来るとここに出る

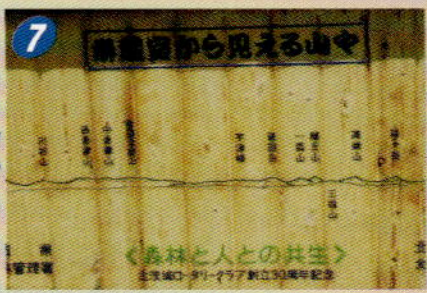

7 「栄蔵室から見える山々」の看板。眺望は福島県側に限られる

8 花園山への分岐には道標7があり、ここから高度差で約50㍍下り、約60㍍登ると頂上である

9 沢に沿って下っていく。途中、笹平を通る

10 道標8をすぎると登りになり、稜線まではササの中を登る

11 花園山頂上からの眺望は得られないが、ベンチもあり休むにはよいところだ

12 南登山口の道標、ここからは林道を出発点に戻る

和尚山北西山麓の関本町小川集落より見た和尚山山頂付近

線）が通るため、マイカーを利用すれば登りやすい山である。

山全体にコナラ、ヤマボウシ、ミズキなどの落葉広葉樹が多く、新緑と紅葉のころはすばらしい自然探勝路となる。

北登山口を出発する。道標は[1]で、平坦な雑木林の中をいくつもの小川を木橋で渡って進み、**道標**[3]から登りとなる。ひと登りして下ると栄蔵室林道支線に出る。傍らには作業小屋もあり周囲は開けている。

平坦な林道に沿って進むとやがて道標[5]で**栄蔵室林道と合流**し、左に下りていく。まもなく山頂への近道があるのでそれに入る。途中に「北茨城山の会」が建てた展望台があり、「プラトーさとみ」から三鈷室山までの間の展望が得られる。**栄蔵室**山頂からの眺望はよくない。

無線中継所の脇を下り、花園山へ向かう。山頂には「階段を下り右方向が花園山です」との案内があるが、その階段たるやとても使用に耐えない代物だ。広い道の途中には「栄蔵室から見える山々」として、左は磐梯山《ばんだいさん》から安達太良《あだたら》山《やま》を経て右は大滝根山《おおたきねやま》までが図示されている。

花園山への分岐は明瞭である。流れに沿って下り、ひと登りすると**花園山**山頂だ。こちらの眺望もよくない。

分岐に戻り、しばらく山道を行くと、広い作業道に出る。これを進むと南登山口で、**北登山口**は近い。

和尚山へは亀谷《かめや》地《ち》湿原の分岐から県道27号を福島県側へ向かう。峠から下りになり、先の分岐から約2・8㌔のところに**和尚山登山口**がある。道の左側に数台分の駐車スペースがある。

最初緩やかな雑木林の中の道を行く。途中から植林帯になり、右に曲がると傾斜が急になり、山頂は近い。**和尚山**頂上は広い草原状であるが、周りを高い樹木に囲まれて、展望は木の間から遠くの山が眺められる程度である。

下山は往路を引き返す。

雑木林の中の登山道を行き和尚山山頂へ

CHECK POINT

13 和尚山登山口の駐車スペースは小さいが、駐車可能な場所は付近に何箇所かある

14 登山道途中にはこんな標識もある

15 和尚山頂上には3等三角点と小さな石の祠がある

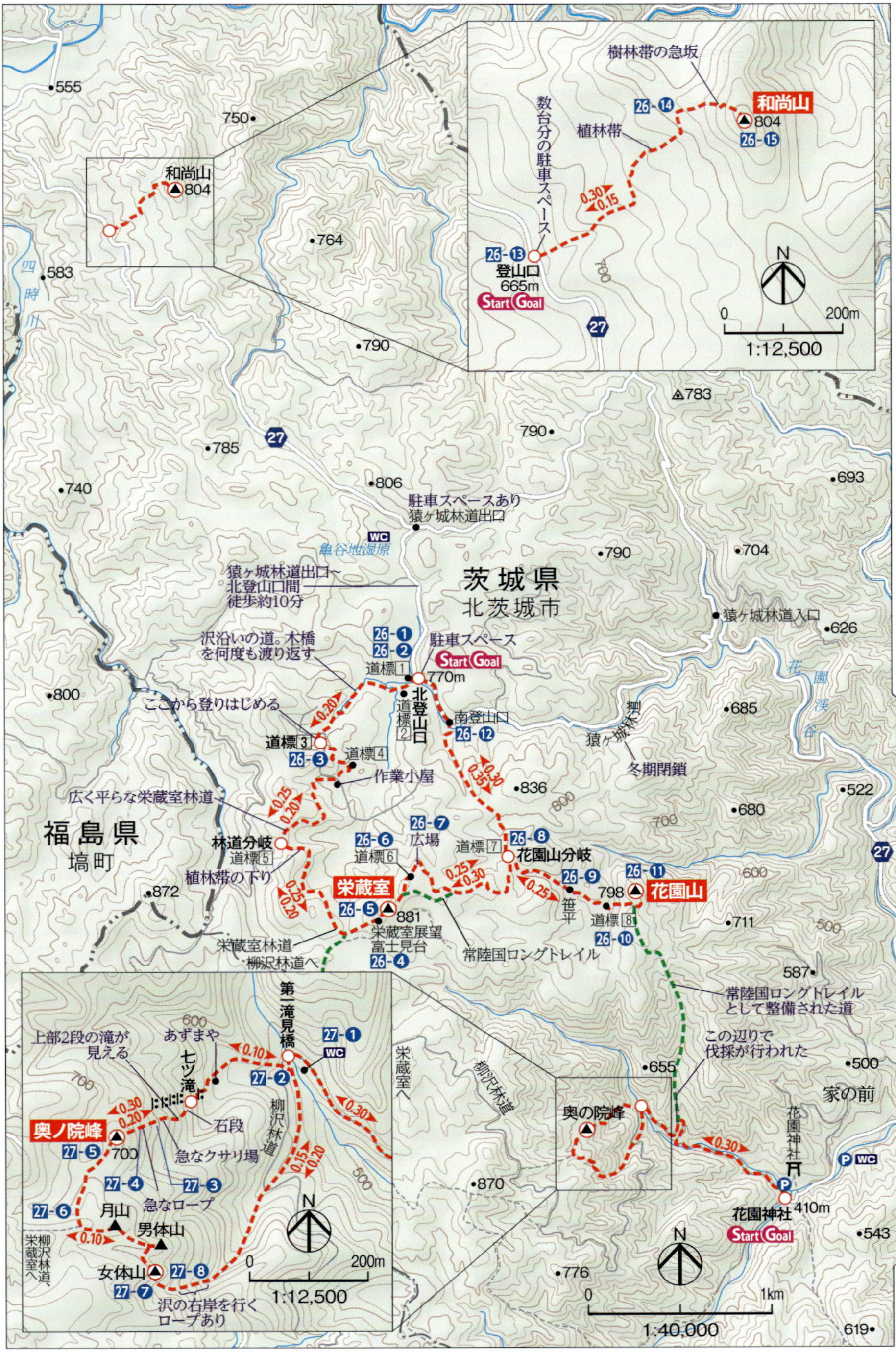

＊常陸国ロングトレイルの整備に伴い、栄蔵室～花園山分岐間の一部が変更された。
詳細は常陸国ロングトレイル公式サイトへ。

27

名勝「七ツ滝」を見て、シャクナゲとツツジの群生する尾根を散策する

花園神社奥ノ院峰

はなぞのじんじゃおくのいんほう　700m

日帰り

歩行時間＝2時間5分
歩行距離＝5km

技術度　体力度

コース定数	＝10
標高差	＝310m
累積標高差	403m / 403m

花園《はなぞの》川上流一帯が花園渓谷で、ここは大北《おおきた》渓谷、花貫《はなぬき》渓谷、竜神《りゅうじん》峡とともに県内の四大渓谷にあげられる。うっそうと茂る樹木と適度な湿度を含んだ森の空気は、自然の宝庫である。春のシャクナゲや初夏の新緑、秋になるとカエデ、イヌブシ、ヤマモミジなどが美しく色づく。その紅葉はまさに絶景である。アズマシャクナゲはツツジ科に属し、低山帯から亜高山帯にかけて見られる。花は紅、淡紅など濃淡の違いがある。高さは普通1～2㍍で、葉は厚く、濃緑色でツバキのように光沢がある。この一帯のアズマシャクナゲは、「花園山シャクナゲ群落」として天然記念物に指定されている。

このような自然に恵まれた花園にあるのが花園神社である。延暦時代に坂上田村麻呂により創建されたという古社である。境内は茨城県指定文化財であるご神木の高《こう》野槙《やまき》や大杉（三本杉）が空を覆い、神秘的な雰囲気を醸し出している。

この花園神社から奥ノ院峰を一周する遊歩道がある。途中七ッ滝の名勝地もあり、岩の上に鎮座す

七ツ滝上部。奥ノ院峰への途中に展望所ができ、上部の滝を見ることができるようになった

■鉄道・バス
この山域に入る公共交通機関はないので、マイカー利用に限られる。

■マイカー
常磐自動車道を北茨城ICで降りて、主要地方道27号を北上し、花園神社手前の市営無料駐車場を利用する。トイレもある。神社をすぎた先の市営無料駐車場にはトイレはない。

■登山適期
新緑の春、アズマシャクナゲやツツジの開花時、紅葉の秋をすすめる。

■アドバイス
▽裏参道は通行不可となっている。
▽キャンプをしてこの山域を登る場合は、花園オートキャンプ場（☎0293・43・9277）がおすすめ。キャンプサイトのほか、ケビン棟、浴室棟、炊事棟、研修室など、設備は充実している。営業期間は3～11月。
▽ホテル泊を希望する場合は、マウントあかね（☎0293・30・0606）がよい。各部屋から眺められる太平洋からの日の出は圧巻である。
▽登山後の立ち寄り湯としては、中郷温泉通りゃんせ（☎0293・44・0026）がある。

■問合せ先
北茨城市商工観光課☎0293・43・1111

■2万5000分の1地形図
磐城片貝

る奥之宮手前は急な尾根であるが、クサリが張ってあり安心して登れる。アズマシャクナゲやツツジも群生し目を楽しませてくれる。

花園神社脇の駐車場から柳沢《やなぎさわ》林道を進む。周りは手入れが行き届いたスギ林だったが、最近伐採が進んでいる。**第一滝見橋**の先の鳥居をくぐって山道に入る。左手に沢音を聞きながら400㍍ほど進むと**七ッ滝**である。落差は60㍍で、その5段目の滝壷は竜宮城に通じているとの伝説がある。道の脇にはあずまやがある。

橋で沢を渡り、急な石段を登ると上部の滝の展望台に出る。傾斜は一段と強くなり、クサリ、ロープ、木の根につかまりながら登る。着いたところが**奥ノ院峰**で石の祠が祀られている。木の間越しに太平洋側の展望が得られる。尾根上を進むと、月山《がっさん》、男体山《なんたいさん》、**女体山**《にょたいさん》と石の祠が祀られている。

下りは沢に沿った急な道で、ロープに助けられる。下りきった林道から**第一滝見橋**までは200㍍くらいである。

奥ノ院峰から東側の眺望

花園神社拝殿

花園神社のアズマシャクナゲ

CHECK POINT

1

第一滝見橋の手前に、環境に配慮した一風変わったトイレが設けられている

2

林道から右へ奥ノ院入口の鳥居をくぐる。鳥居の額には「奥之院」とある

3

上部の滝の見える展望台からは、長いクサリ場、次に固定ロープを登る

4

長いロープが終ると頂上は間近である

5

登り着くと花園神社奥之宮の石の祠が祀られている

6

奥ノ院峰から女体山まではわずかな登り下りのある緩やかな尾根道を行く

7

月山、男体山、女体山などの祠は岩の小突起に祀られている

8

沢の右岸に張られたロープに助けられて下る

＊コース図は93㌻を参照。

28 土岳

紅葉の名勝として知られる花貫渓谷から雄大な眺望が得られる土岳へ

つちだけ
599m

日帰り

歩行時間＝2時間10分
歩行距離＝3・2㎞

技術度
体力度

コース定数＝8
標高差＝294m
累積標高差 332m 332m

鳥曽根の国道461号から土岳を望む

高萩《たかはぎ》市西部の中戸《なかど》川にある山で、すぐ北を国道461号が通るため、交通の便がよく、家族向きのハイキングコースとして親しまれている。

山頂は浸食残丘とよばれる円丘状で、かつては一面の芝に覆われ、馬が放牧されていた。現在は展望台も設置され、公園状に整備されている。この山は植物の宝庫としても知られ、ここで育つ植物の総数は1450種にもなるといわれている。

高萩市大能《おおの》付近を水源とする花《はな》貫《ぬき》川は、土岳付近で花貫渓谷を形成し、名馬里《なめり》ヶ淵《ふち》、乙女滝、不動滝、汐見滝などの景観を配している。そこはまた紅葉の名所でもあり、秋には多くの行楽客を迎えている。さらに花貫川右岸の都室山《とむろやま》や横根山《よこねやま》にはイワウチワの群生地が広がっている。

下流の花貫ダムは、洪水調整、上水道、工業用水の提供などを目的とした多目的ダムである。地元では「海の見えるダム、新緑・紅葉に映える谷と山」として宣伝をしている。事実、花貫ダムの堤下には花貫さくら公園があり、約3000本のサクラが咲き誇る春には、花見客で大きなにぎわいを見せる。以前はダム堰堤への立ち入りは禁止されていたが、現在は昼間に限り開放されている。また6月中旬になると、この下の花貫川ではゲンジボタルが飛び交い、初夏の訪れを知らせてくれる。

小滝沢《こたきさわ》キャンプ場の駐車場脇が登山口である。「へびに注意」の看板を見て植林帯を登る。途中から

■**鉄道・バス**
登山に利用できる公共交通機関はない。

■**マイカー**
常磐自動車道を高萩ICで降り、国道461号に出て西へ約6㌔進む。花貫ダムをすぎ、花貫第二トンネルを抜けてすぐに左折し、花貫渓谷小滝沢キャンプ場の駐車場を利用する。

■**登山適期**
土岳登山は、春に花貫ダム下の公園のサクラや横根山にイワウチワの咲くころ、夏の小滝沢のキャンプ、花貫渓谷の紅葉などと組み合わせて実施することをおすすめする。

■**アドバイス**
▽小滝沢キャンプ場は高萩市が設置した無料キャンプ場で、水道施設、トイレも整備されている。夏には下を流れる花貫川の浅瀬で水遊びができるので、家族連れでにぎわう。
▽山頂一帯は落雷が多く、特に展望台は危険であるとの看板が立っている。避難棟も設えてあるが、雷雲が発生したら速やかに下山したい。
▽紅葉の季節には、付近の有料駐車場（1000円）に停め、徒歩で入山することになる。

■**問合せ先**
高萩市観光商工課☎0293・23・7316

■**2万5000分の1地形図**
堅破山

広葉樹林帯になる。岩が重なった箇所があるが、大半は踏み固められた道が続いている。子宝岩、大黒岩などと名づけられた大岩もある。岩の道が終わると、左に土嶽神社奥ノ院への道がある。分岐には土岳山頂や土嶽神社奥ノ院への道標が設置されている。

急な斜面を木の幹につかまりながら小ピーク上に立ち、10分ほどで草原に各種施設が点在する**土岳**頂上に着く。展望台からは南から北への180度の雄大な眺望が得られる。

下りは常陸国ロングトレイルで中戸川へ出ることもできるが、展望のない植林地で、その上1時間以上も舗装道路を歩くことになるので、往路を引き返したい。

↑土岳頂上にあるりっぱな展望台。落雷の危険があるという

←汐見滝吊橋の紅葉

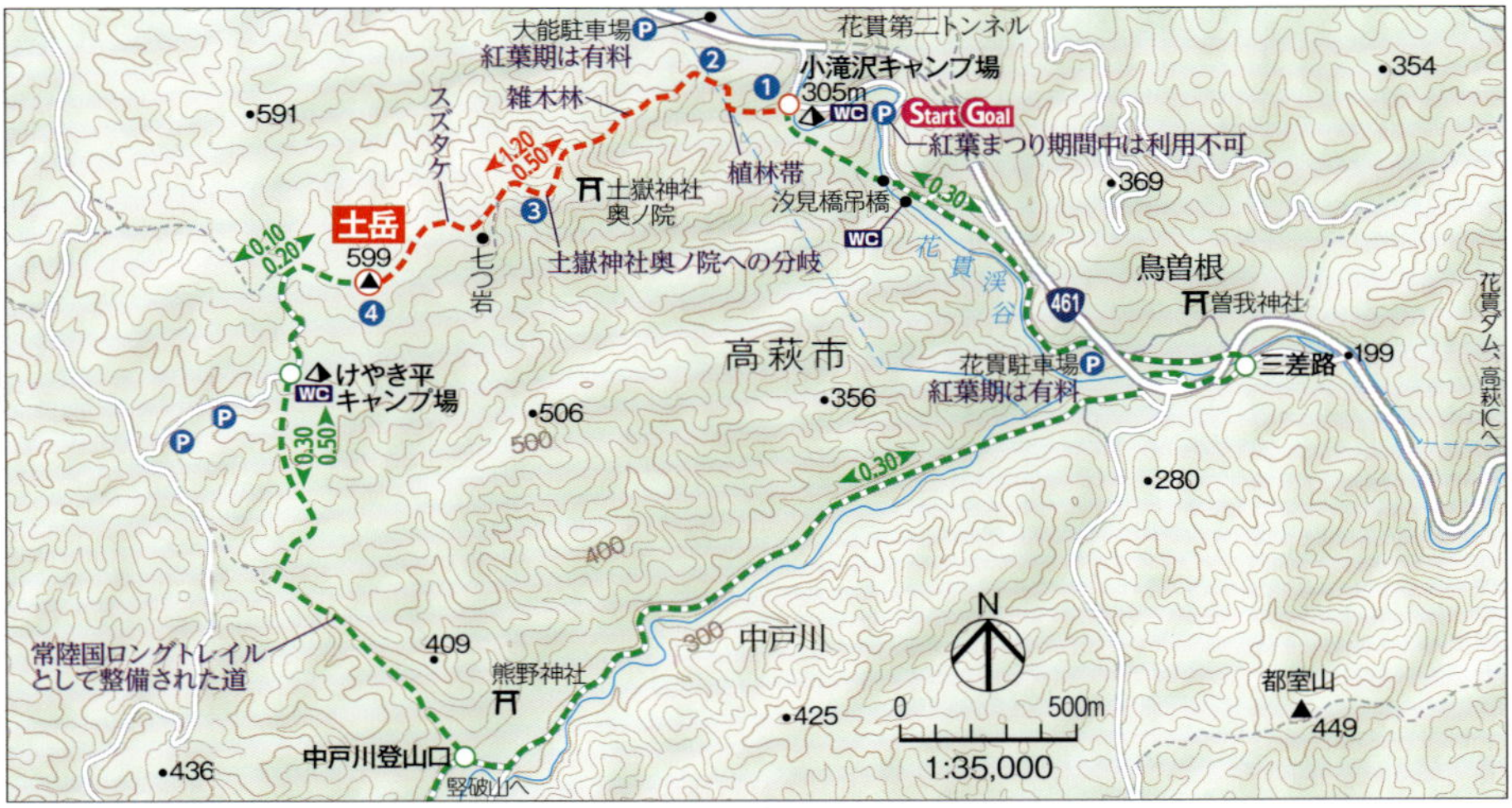

CHECK POINT

小滝沢キャンプ場の駐車場は10台ほど駐車可能である。トイレは整備され、新しくなった

植林地は手入れが行き届いているが、一部急でロープが張られている

土嶽神社奥ノ院への道は細く急で一部崩れている箇所もある

眺望説明板には、南・神峰山、南西・筑波山、西・日光連山、北・栄蔵室などとある

29

黒坂命や八幡太郎義家などの伝承が残る山で奇岩巡りを楽しむ

竪破山

たつわれさん
658m

日帰り

歩行時間＝2時間35分
歩行距離＝4・1km

技術度
体力度

コース定数＝9
標高差＝203m
累積標高差 317m 317m

往古は「つのがれ山」といい、巨岩信仰の霊場であり、常陸五山のひとつに数えられていた。「立割山」、「竪割山」、「三ッノ山」、「角《つの》枯山《がれやま》」、「黒前山《くろさきやま》」などともいわれる。

太刀割石は将軍石ともいわれ、八幡太郎義家が神授の刀にて巨岩を割ったという伝説による

山上には『常陸国風土記』にいう黒坂命を祀る黒前神社があり、山中にも七奇石三瀑の名勝がある。七奇石は「烏帽子《えぼし》石」「畳《たたみ》石」「甲《かぶと》石」「舟《ふな》石」「胎内《たいない》石」「太刀割《たちわり》石」「神楽《かぐら》石」で、三瀑は「不動滝（奈々久良《ななくら》滝）」「剣滝」「龍馬滝」である。

山名の由来は、山中にある太刀割石が訛って「たつわれさん」になったと伝えられている。

駐車場を出たら二の鳥居をくぐり登山道に入る。道は明瞭で、道標も多く迷うことはない。まずはじめに清水が滴り落ちる不動岩、続いて烏帽子岩、手形岩、畳岩などの奇石が現れる。そのひとつひとつに説明がつけられている。昭和25（1950）年ごろまで使われていた炭焼き窯（あかめやき窯）をすぎると、ベンチのあるあずまやの脇に弁天《べんてん》池（別名・御手洗《みたらし》、雨乞《あまごい》の池）がある。

参道は二手に分かれ、右は石段で**仁王門《におうもん》**をくぐり釈迦堂へ、左は太刀割石を経て釈迦堂に出るものである。時間的には大差はないが、まず仁王門をくぐって頂上に向かう。釈迦堂付近には甲石、舟石などがある。甲石の中には薬師如来が居て、参詣者に健康の力を与えてくれるとして昔から信仰されてきた。

急な約180段の石段を登ると黒前神社、その50㍍先が**竪破山**山頂で、2等三角点と鉄製の展望台がある。さらに150㍍先には**胎内石**がある。

下りは、**太刀割石**から雑木林と

■鉄道・バス
登山に役立つ公共交通機関はない。

■マイカー
常磐自動車道を日立北ICで降り、十王町から主要地方道60号（十王里美線）に入る。新里美カントリークラブ手前を右折するが、分岐には「黒前神社」と書かれた大きな案内柱がある。鬼越集落から先の黒坂林道は1車線で狭いが、舗装されていて待避場もある。郷社黒前神社の一の鳥居の手前を左の竪破山林道（未舗装）に入り、奥の駐車場を利用する（20台駐車可能）。

■登山適期
四季それぞれによさはあるが、森林浴が楽しめる夏場をおすすめする。

■アドバイス
▽黒坂林道の途中に、日立市川尻町在住の有志が2012年、せせらぎひろばを造った。観光案内図（有料）も置かれている。
▽二の鳥居は駐車場より林道を100㍍ほど戻ったところにあるので、ここを登山道入口とする。
▽頂上の展望台は周りの木が大きくなりすぎて、見える範囲は限られてきている。

■問合せ先
日立市観光物産課☎0294・22・3111

■2万5000分の1地形図
竪破山

登山道沿いで見られる奇石の数々。写真左から畳石、甲(かぶと)石、神楽石、舟石

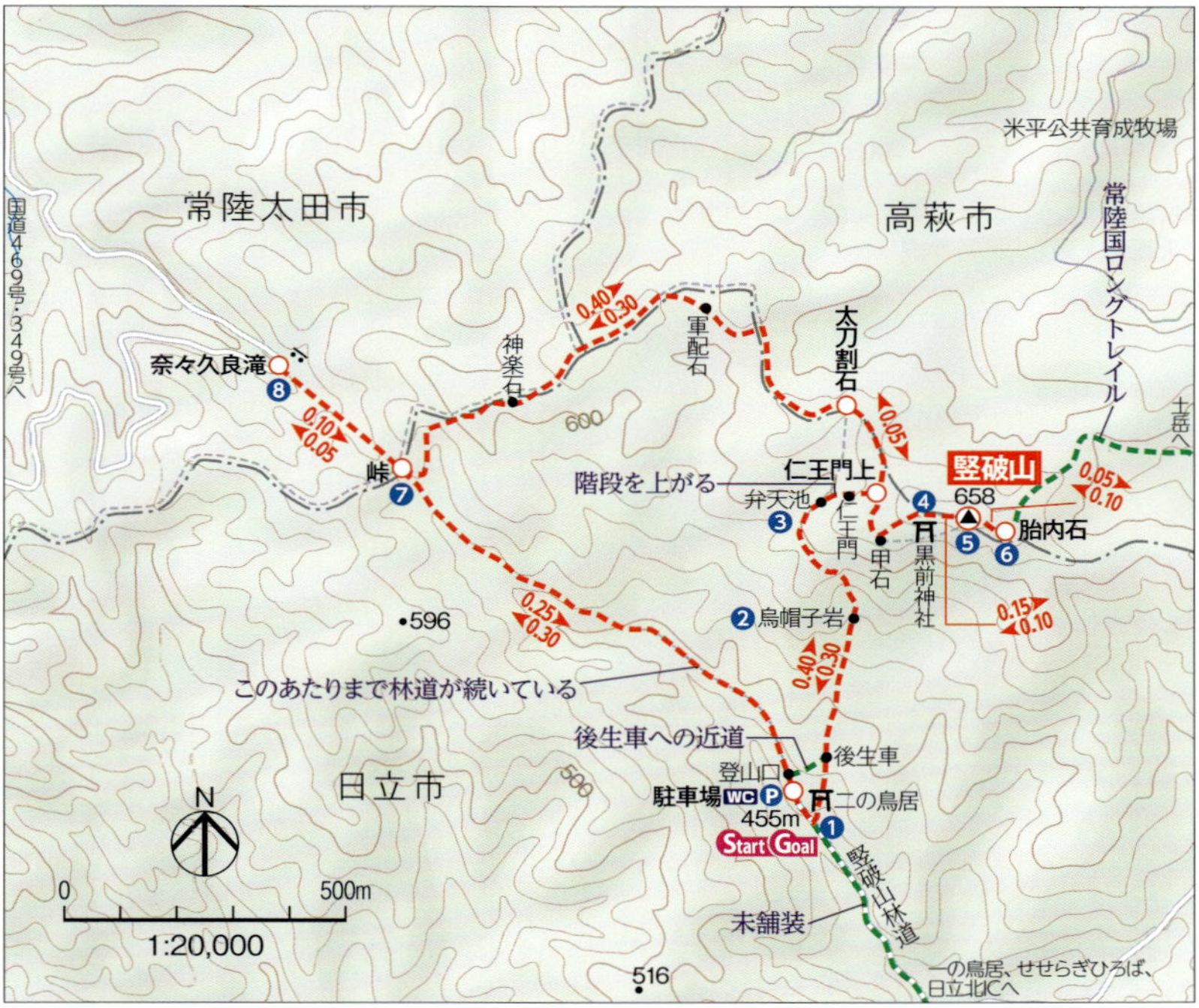

植林地を歩き神楽石をすぎて峠に下る。**奈々久良滝**は右手へ300メートル下った先にある。滝を見学したら**峠**へ引き返し、起点の**駐車場**に戻る。

CHECK POINT

駐車場から少し戻り、左手の木製の二の鳥居をくぐって山に入るが、近年は駐車場先の登山口からの近道を利用する人も多い

烏帽子石は昔八幡太郎義家が参詣した時、かぶっていた烏帽子に似ていたとしてこの名がある

弁天池の脇にはあずまやがあり、ベンチもある

黒前神社は、「黒坂命が奥羽遠征の帰路この山にて客死した」という事蹟から黒坂命を祀っている

山頂には2等三角点が埋設されており、ほんの数メートルのところに展望台が建つ

胎内石は黒坂命が休まれたといわれている岩窟である

神楽石から急坂を下ると峠に出る。右に下ると奈々久良滝、駐車場は左である

奈々久良滝へは峠から30メートル下る

30

多賀山系の代表的なハイキングコースを行く

高鈴山・御岩山・助川山

日帰り

たかすずやま　623m
おいわさん　530m
すけがわやま　328m

歩行時間＝3時間45分
歩行距離＝12㎞

技術度

体力度

コース定数＝17

標高差＝348m

累積標高差　605m　810m

御岩山山頂より北西側を望む。顕著な山はない

高鈴山山頂の展望台。北側の大展望が広がる

　高鈴県立自然公園は日立《ひたち》市、常陸太田《ひたちおおた》市にまたがる山岳公園で、高鈴山を中心に羽黒山《はぐろさん》、神峰《かみね》山《さん》、御岩山、真弓山《まゆみやま》、風神山《かぜのかみやま》などが含まれている。これらの山々は登山道も整備され、家族連れでも容易に登ることができるハイキングコースになっている。東には日立の市街地と太平洋、西に八溝山《やみぞさん》、日光《にっこう》・那須《なす》の連山、南に筑波《つくば》の山々を見わたすことができる。

　高鈴山は円錐形のなだらかな山で、山頂には1等三角点や天測点が置かれ、展望台やベンチ、トイレも整備されている。この山がどこから見てもそれとわかるのは、山頂に高鈴山レーダー雨量観測所が建っているからである。また、花の多い山としても知られている。

　御岩山は、古くは「賀毘禮之高《かひれのたか》峰《みね》」とよばれていたことが、日本最古の書のひとつ『常陸国風土記』に記されている。また、現在の山名になる前には「賀毘禮山《かひれやま》」または「入四間山《いりしけんやま》」とよばれていた。山麓にある御岩神社創建の時期は不明だが、縄文晩期の祭祀遺跡の発掘や、『常陸国風土記』の記載などから、古代より信仰の聖地であったことが窺える。山頂からの眺めはよいとはいえないが、往古の歴史に触れながら静かな山歩きができる山である。

　助川山市民の森は、1991年3月に発生した山林火災の跡を整備したものである。山頂には自然

御岩神社入口

■鉄道・バス
往路＝JR常磐線日立駅前から東河内行き茨城交通バスに乗り、約30分の御岩神社前バス停で下車。
復路＝御殿山団地から日立駅まで茨城交通バスを利用する。

■マイカー
常磐自動車道を日立中央ICで降り、主要地方道36号（日立山方線）を西進する。本山トンネルを抜けた先の左に向陽台駐車場に車を停め、徒歩で御岩神社に移動する（約20分）。御岩神社の駐車場は参詣者優先。

■登山適期
日立市はサクラの美しいところなのでその時期と、初冬から冬にかけて木々の葉が落ち山が明るくなった時をおすすめする。

■アドバイス

西側から見た高鈴山。山頂には巨大なレーダー雨量観測所が建っている

観察舎（展望台）が建てられており、そこからの眺めは360度で、大きく広がる太平洋と、眼下に日立市街が箱庭のように展開している。

御岩神社前バス停から御岩神社の参道を進む。右手に三本杉の巨木をはじめスギ、ヒノキ、アカマツなどの高木が鬱蒼と茂り、周囲は薄暗く、霊域の雰囲気に満ちている。御岩神社に参詣し、左手の表参道に入る。手入れの行き届いたスギ林の中を進み、短い急登をすると賀毘禮《かびれ》神宮に出る。社《やしろ》下には御多満理《おたまり》池がある。

右手の尾根に登るとそこは裏参道との分岐で、左へ直登すると二股になる。以前はここから直登し頂上直下の岩場を抜けて稜線に出ていたが、現在は左にルートをとるように指示されている。これは東日本大震災で頂上直下の岩場が崩れたためである。

ほぼ水平にトラバースしていくと、向陽台《こうようだい》から高鈴山への道との分岐に出る。右にルートをとり、しばらく急登すると**御岩山**への分岐である。天《あま》の岩屋は現在は立入禁止になっている。

御岩山からの道はよく整備されており、約30分で**高鈴山**に到着する。山頂からの眺望は抜群である。

助川山へは車道を下って道標のある**四辻**に出る。林道から登山道になり、広場のような場所に出ると多くの石仏が整然と並んでいる。「**金山百観音**《かなやまひゃくかんのん》」とよばれている。さらに進むと**おむすび池**に出る。このあたりから一帯が助川山市民の森で、**助川山**は休息にはも

▽早朝首都圏を出て、日立駅発8時40分のバスに乗ると、御岩神社着9時10分である。このバスは平日だけではなく、土・日曜、祝日も運行なので便利である。

▽新興住宅ができ助川海防城跡公園付近は分かりにくくなってしまった。2万5000分の1地形図の助川町五丁目の「五丁目」の文字付近だ。

■問合せ先

日立市観光物産課☎0294・22・3111、茨城交通神峰営業所☎0294・21・5245

■2万5000分の1地形図

町屋・日立

＊コース図は106～107ページを参照。

ってこいの場所だ。展望を楽しんだあと、道標にしたがい下ると化《け》粧水《しょうすい》の分岐に出る。左に下り助川海防城跡公園へは1キロである。近くには**御殿山《ごてんやま》団地バス停**もある。

マイカーの場合は、日立駅から東河《ひがしごう》内《ど》行きのバスで駐車場に戻る。

助川山山頂より日立市街を望む。その先には太平洋が広がる

CHECK POINT

1

バス停際には神社への案内が出ている。近くにあったスケート場は廃業した

2

「天狗杉」ともいわれるのは、枝分かれした分岐に天狗が住み、通る人を脅かしたという言い伝えからだ

3

中腹にあった姥神様の祠は、盗難予防のため現在は御岩神社拝殿近くに移されている

4

徳川光圀公が『大日本史』の編纂をはじめるにあたり、御多満理池の水を使って筆染めの儀式を行ったという

5

御岩山山頂直下の岩場は立入禁止となった。従来の道には進入禁止のテープが張られている

6

『常陸国風土記』の詔が出されてから1300年、記念として山頂の一角に新しい表示が出された

7

高鈴山山頂に建つ雨量観測所は、鉄骨鉄筋コンクリート10階建、地上高60メートルもある巨大な建築物である

8

高鈴山山頂での記念撮影(JAC茨城支部山行)。このあと、助川山を経由して下山した

9

金山百観音には3基の石祠を中心に70余体の石仏が安置されている

10

助川山市民の森は、「体験を通して楽しく学ぶ自然教育の場」として機能することを目指している

11

助川山山頂の展望台からは360度の眺望が得られる(この写真は高鈴山方面を見たもの)

12

助川海防城は水戸藩主徳川斉昭が、天保7(1836)年、異国船に備えて築いた城

31

日立市民の憩いのハイキングコース

神峰山・羽黒山

日帰り

歩行時間＝3時間50分
歩行距離＝10㎞

かみねさん　587m
（最高点　598m）
はぐろさん　490m

技術度

体力度

コース定数＝17

標高差＝248m

累積標高差 618m 928m

日立駅前平和通りの歩道橋上からの神峰山、右に現在の大煙突が見える

小木津公園北展望台から春の景観、まさに「山笑う」状態だ

1695（元禄8）年9月、徳川光圀公が山の上にある神峰神社本殿を参拝した折、太平洋を黄金色に染めながら昇る朝日に感嘆し、「朝日が立ち上がる光景は領内一」といったことが「日立」の名のはじまりといわれている。その日立市を取り巻く山並みの主峰が神峰山で、「占山《うらない》」「かぶ山」ともいわれた。日鉱記念館付近から神峰山ハイキングコースが整備されており、市民の憩いの場となっている。山頂には神峰神社のほかに日立市の気象観測所がある。

一方、羽黒山は神峰山から鞍掛《くらかけ》山《やま》へのハイキングコース上にある山。地元では「羽根黒山」と表記しているとのことであるが、ここでは地形図にしたがった。

また、小木津山《おぎつやま》自然公園（以下、小木津公園と略）は、日立市が認定している市民健康ハイキングコースの起点として、1971（昭和46）年4月国有林を払い下げて

■鉄道・バス
往路＝JR常磐線日立駅より東河内行きの茨城交通バスに乗り、約25分の日鉱記念館前バス停で下車。復路＝神峰公園口バス停からは茨城交通バスでJR日立駅へ。

■マイカー
日鉱記念館の駐車場は施設利用者優先のため、本山トンネルを抜けた先の向陽台駐車場へ。ここから直接向陽台分岐に向かう（25分）。復路は、下山口の神峰公園口バス停から東河内行き茨城交通バスに乗り向陽台駐車場に戻る。向陽台駐車場へは、日鉱記念館前バス停のひとつ先、きららの里バス停で降りて歩く。

■登山適期
木々の葉が落ちて山が明るくなる初冬から、日立市はサクラの美しいところなので、サクラの開花期までがおすすめ。

小木津公園のサクラ

■アドバイス
▽「羽黒山」の読み方であるが、ひたか民話の会編『東連津川風土記』（筑波書林・ふるさと文庫、1992年）には「はねぐろさん」とのルビがある。最近発行の「高鈴山県立自然公園ハイキングコースMAP」に

神峰山山頂から日立市街を望む。中央左に大煙突、常磐自動車道の赤い橋、遠くは太平洋が広がる

煙害に強いリョウブやヒサカキがトンネルを作っている稜線を行く

小木津山への分岐から見た羽黒山

開設された。広さは65ヘクタールあり、自然の丘や樹木をできるだけ生かしている。周辺部はアカマツ林、中ほどには後から植えた約90種の樹木、中央部にはスイレン池がある。園内には遊歩道があり、ゆったり散策でき、11月から12月にかけては、紅葉のトンネルのような眺めになる。南北2つの展望台からは太平洋が一望できる。

ここでは、神峰山からかみね公園へ下山するコースをメインとし、小木津公園への下山はサブコースとして案内する。

日鉱記念館前バス停を出発、本《もと》山《やま》トンネル手前から右手の階段を登って旧道に出る。緩やかな坂道を進むとカーブ左手に山神社《さんじんじゃ》があり、舗装路行き止まり手前に神峰山への道標がある。しばらくジグザグ道を登り、稜線に出ると**向陽《こうよう》台《だい》との分岐**である。

よく整備された登山道にはリョウブやヒサカキがトンネルをつくっている。左に羽黒山への**道を分け**てしばらく登ると**神峰山山頂**である。東側の眺望が開け、大煙突、常磐自動車道、日立の市街地、さらには太平洋までが見わたせる。

山頂から戻って、右手の羽黒山への道に入る。しばらく急下降が続き、その後、小さなアップダウンを繰り返して登り着いた山頂が**羽黒山**である。以前は芝生の山でゆっくり昼食をとるに適していたようだが、今は周囲の雑木が大きくなり展望はない。また、鉄塔のような残骸もあり、あまり快適な場所ではなくなってしまった。山は「はぐろさん」とあるのでこれにしたがった。

▽近隣の立ち寄りスポットとしては、日鉱記念館（☎0294・21・8411）、奥日立きららの里（☎0294・24・2424）がある。

■問合せ先
日立市観光物産課☎0294・22・3111、茨城交通神峰営業所☎0294・21・5245

■2万5000分の1地形図
町屋・日立

かみね公園から左端に神峰山、中央が鞍掛山

頂から下った左手も植林が伐採され、痛々しい景色になってしまった。

小木津山との分岐からしばらく行くと右手に**蛇塚**《じゃづか》があり、左手に大煙突展望台がある。さらに下っていくと、最後に階段を急下降し、**切通**の鞍掛山緑地駐車場に出る。階段を登り、水平な道を進むと右手に鞍掛山山頂がある。

鞍掛山を下った道の一角に新田次郎作『ある町の高い煙突』の文学碑、ならびに「大煙突記念碑」が建立されている

かみね公園からは近くの**神峰公園口バス停**へ向かい、日立駅へ。マイカーの場合は東河内《ひがしごうど》行きのバスで駐車場に戻る。

CHECK POINT

1 日鉱記念館は日立鉱山の歴史を展示した産業資料館で、入館無料である。駐車場は施設利用者用

2 本山トンネル上部には鉱山の安全を祈願した山神社がある

3 山頂にあるのが神峰神社本殿で神峰権現とよばれており、拝殿はかみね公園口にある

4 羽黒山頂には「山火事防止や日立鉱山の煙害対策の風向観測をした小屋と櫓があった」とか。その残骸か

5 小木津公園とかみね公園との分岐の道標には、「かみね公園4.9km」、「小木津山自然公園3.4km」とある

6 蛇塚は、その昔退治した蛇の祟りを恐れて死骸を埋め石碑を立てて供養したもの

7 右手の階段を下降すると鞍掛山緑地駐車場に出る

8 鞍掛山山頂付近は小公園状に整備され、NHKと民間放送5社の中継所などがある

9 かみね公園の頂上展望台付近にも、5億年前の地層が露出しているという

サブコース

小木津公園への下山は、小木津山への分岐から伐採地を下る。いくつかの分岐を右折したり左折したりして下るが、道標はしっかりついている。小木津公園の南北展望台分岐からも、道標に導かれ適宜ルートをとって下ると、常磐自動車道の下をくぐる。その先に日本最古の地層の露出した滝があるので、大自然の営みに思いをめぐらせたい。JR常磐線小木津駅までは1キロほどである。

10 小木津公園と羽黒山への道標

11 小木津公園内で北展望台と南展望台への分岐。どちらへ行っても距離的には同じ

12 小木津公園入口付近の道端に小さな滝があり、5億年前の日本最古の地層が露出していることが判明した

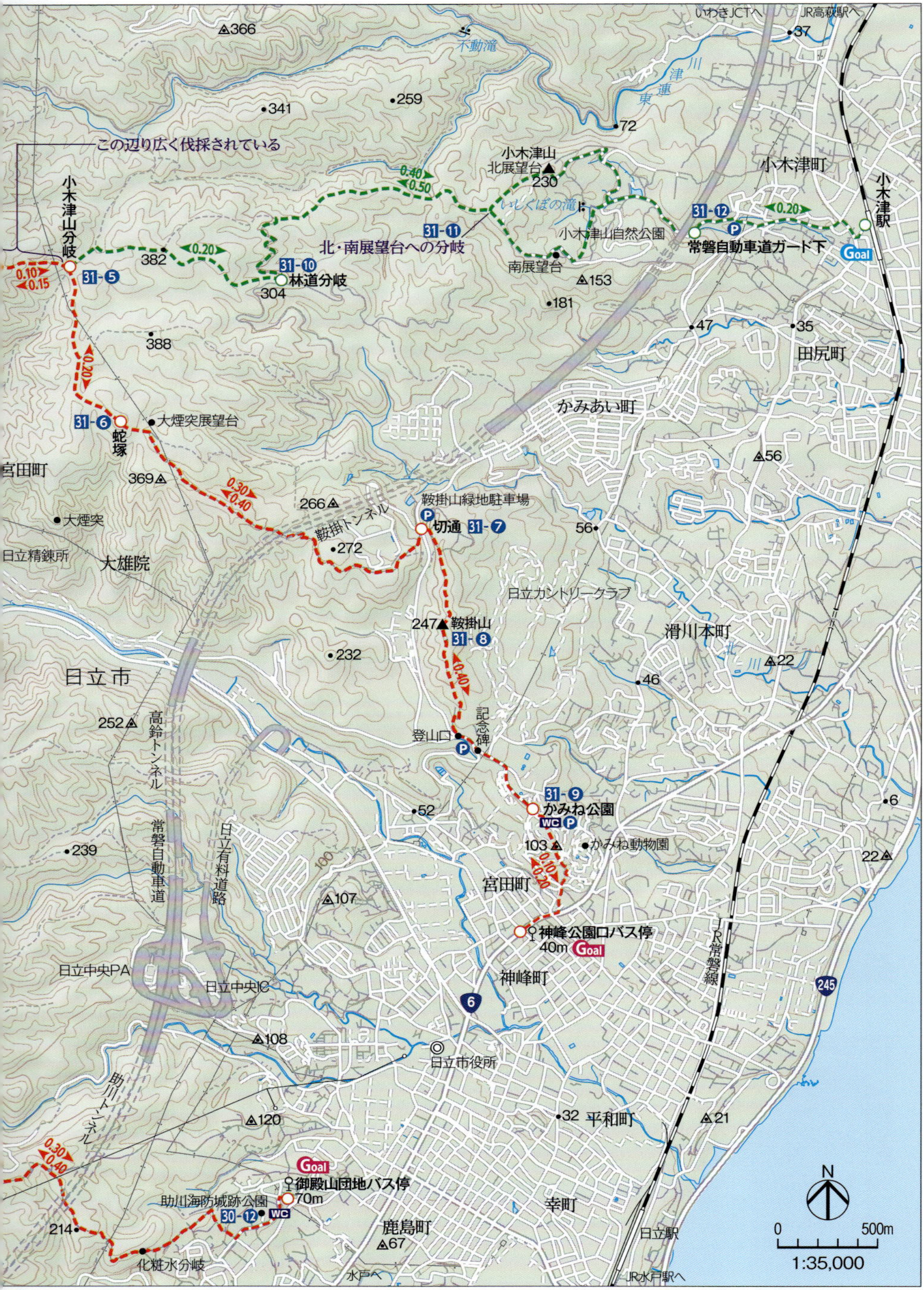

いわきJCTへ
JR高萩駅へ
366
不動滝
259
341
72
37
東連津川
この辺り広く伐採されている
小木津山
北展望台
230
小木津町
小木津駅
小木津山分岐
0.40
0.50
いしくぼの滝
31-11
小木津山自然公園
31-12
0.20
常磐自動車道ガード下
Goal
北・南展望台への分岐
0.10
0.15
31-5
382
0.20
31-10
林道分岐
304
南展望台
153
181
47
35
田尻町
388
0.20
31-6
蛇塚
大煙突展望台
かみあい町
宮田町
369
0.30
0.40
266
鞍掛トンネル
鞍掛山緑地駐車場
切通
31-7
56
56
大煙突
日立精錬所
大雄院
272
日立カントリークラブ
247
鞍掛山
31-8
滑川本町
232
0.40
22
46
日立市
252
高鈴トンネル
記念碑
登山口
31-9
かみね公園
WC
52
6
239
103
かみね動物園
22
0.10
0.20
常磐自動車道
日立有料道路
107
宮田町
神峰公園口バス停
40m
Goal
JR常磐線
日立中央PA
日立中央IC
神峰町
6
245
108
日立市役所
助川トンネル
120
32
平和町
21
0.30
0.40
Goal
御殿山団地バス停
70m
助川海防城跡公園
30-12
WC
幸町
N
0
500m
1:35,000
214
鹿島町
67
日立駅
化粧水分岐
水戸へ
JR水戸駅へ

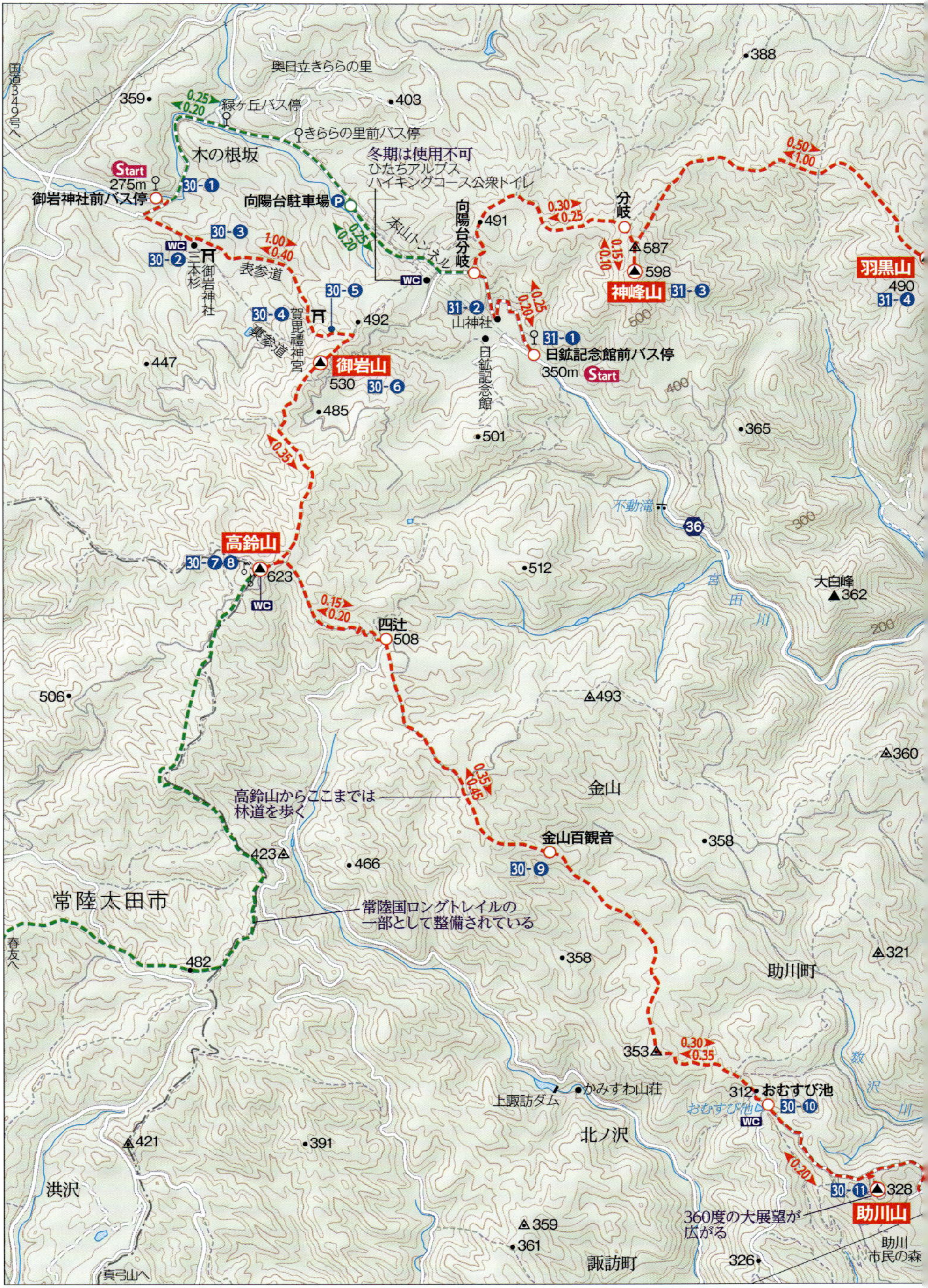
奥日立きららの里
綠ヶ丘バス停
きららの里前バス停
木の根坂
Start
275m
御岩神社前バス停
向陽台駐車場
冬期は使用不可
ひたちアルプス
ハイキングコース公衆トイレ
本山トンネル
向陽台分岐
分岐
神峰山
598
587
羽黒山
490
表参道
裏参道
三本杉
御岩神社
賀毘禮神宮
御岩山
530
山神社
日鉱記念館
日鉱記念館前バス停
350m
Start
不動滝
宮田川
高鈴山
623
四辻
508
大白峰
362
高鈴山からここまでは
林道を歩く
金山
金山百観音
常陸太田市
常陸国ロングトレイルの
一部として整備されている
春友へ
助川町
上諏訪ダム
かみすわ山荘
おむすび池
北ノ沢
洪沢
数沢川
助川山
328
360度の大展望が
広がる
助川
市民の森
諏訪町
真弓山へ
国道349号へ

32

高鈴山から続くハイキングコースの後半部分を歩き「風の神の山」へ

真弓山・風神山

まゆみやま　280m
かぜのかみやま　242m

日帰り

歩行時間＝3時間45分
歩行距離＝10km

技術度　体力度

コース定数＝15

標高差＝239m

累積標高差　469m　492m

真弓神社のある一帯を真弓山と称しており、常陸《ひたち》五山のひとつである。八幡太郎義家が奥州平定の帰路、神社に真弓を奉納したためこの名があると伝えられている。また、陣《じん》ヶ峰《みね》ともいうが、これは義家がこの山に陣を敷いて戦勝を祈願したという伝承に由来したものである。

真弓神社は古くから武将・武門の信仰もあり、また農業・漁業者の信仰が篤く、裏参道の鳥居から少し上に珍しい猿の狛犬がある。

真弓山付近でとれる石灰石は、真弓石または寒水石《かんすいせき》とよばれる。研磨するとすばらしい模様が浮き出てきて、その純白の輝きと豪華さから装飾用の建築材として人気が高い。

風神山は一般には多賀《たが》山地最南端の山といわれる。標高は低いが、南側に温帯風、北側に寒帯風を受け、山頂がその接点になり、風の強いところである。山頂から日立《ひたち》市街地越しに太平洋から昇る朝日、筑波《つくば》の峰に沈む夕日の眺めはすばらしい。なお、テレビ局の電波中継塔が林立する山頂までは、国道6号から舗装道路が通じ、駐車場、トイレもある。

西真弓バス停近くには「真弓神社入口」と刻まれた大きな石碑が立っている。ここから山に向かって歩くと、左に旭鉱末《あさひこうまつ》真弓工場があり、寒水石運搬用のダンプカーが往来している。車に注意しながら2㌔ほど進むと、西参道の入口である。小さなお堂や石碑、注連縄のある石鳥居があり、急に静かな雰囲気になる。

■鉄道・バス
往路＝JR常磐線大甕駅から常陸太田駅行きの茨城交通バスに乗り、約15分の西真弓バス停で下車。
復路＝JR常磐線大甕駅から乗車。

■マイカー
常磐自動車道を日立南太田ICで降り、国道6号から県道156号に入り、西真弓バス停手前にある西真弓集会場の駐車場を利用させていただく。この場合は真弓山から風神山の往復とする。または、国道6号から左折して日立製作所の横を通り、風神山の駐車場を利用する。この場合は真弓山往復となる。

■登山適期
晩秋から早春までの山が明るくなった時期をすすめる。

■アドバイス
▽この山は以前から「ふうじんやま」として親しまれてきたが、最近発行の「高鈴県立自然公園ハイキングコースMAP」には「かぜのかみやま」とあるのでこれにしたがった。

■問合せ先
日立市観光物産課☎0294・22・3111、旭鉱末真弓工場☎0294・74・4010（操業日にはトイレを拝借できる）、茨城交通バス太田営業所☎0294・72・2191

■2万5000分の1地形図
常陸太田・日立南部

登山道から南西に200㍍入った展望台からの眺望

真弓山から風神山の山並み

よく踏まれた登山道を登ると、左右に一対の猿の狛犬（狛猿と言うべきか）が置かれている。これは小名浜の漁師が寄進したもので、左の猿は顔が欠けているが、右の猿の顔は穏やかでやさしい。

道が左に山裾を登るようになると**真弓神社**は近い。社は寒水石を積み上げた土台の上に鎮座している。神社から少し下ったところに樹齢推定９００年のご神木の爺《じい》杉がある。

道標にしたがい尾根上に出るとそこは高鈴山《たかすずやま》〜風神山ハイキングコースで、休日はにぎわっている。風神山へはやや登り下りがあるが、道標はしっかりしている。キブシやサクラの木が多く、花期には美

「風の広場」からは太平洋が一望でき、東海村の原子力関連施設、日立港、日立の市街地などが眺められる

CHECK POINT

1 西真弓バス停付近にある真弓神社入口の碑。遠景の白い部分が旭鉱末の寒水石採石場

2 寒水石の石積みの上に建っている真弓神社。神社の紋は佐竹氏の紋（日の丸五本骨扇）である

3 爺杉は樹囲（目通り9.8㍍、根本12.8㍍）、樹高約45㍍、枝張り15㍍あり、県の天然記念物に指定されている

4 風神の碑の手の指は東西南北を表す意味から四本指、雷神の碑の指は過去、現在、未来を表し三本指である

5 ここの表示は見えるものだけでなく、東京、沖縄、さらには太平洋の彼方のハワイの方向をも示している

6 大甕神社の境内樹叢は、1971（昭和46）年に「日立市指定文化財天然記念物第一号」に指定された

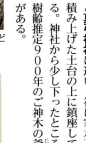

しい。

風神山一帯は、高鈴県立自然公園に含まれる「風神山自然公園」として整備されている。「神の広場」「山の広場」「風の広場」と名づけられた広場がある。**風神山**の三角点は神の広場にあり、風神山という名の由来を記した案内板と、かなり風化しているが、風袋を担いだ風神像が浮き彫りされている石碑と雷神の石碑が置かれている。

電波塔を抜けて風の広場に来ると太平洋が一望でき、東海村の原子力関連施設、日立港、日立の市街地などが眺められる。

ＪＲ常磐線大甕《おおみか》駅へは日立製作所研究所の横を通り、国道６号を横断する。途中、大甕神社に立ち寄りたい。

33

御前山・富士山

水と緑の自然に恵まれた自然公園の中を、自然観察をしながら歩く

ごぜんやま　156m
ふじさん　183m

日帰り

歩行時間＝3時間15分
歩行距離＝10㎞

技術度
体力度

コース定数＝15
標高差＝191m
累積標高差　564m　564m

↑那珂川の流れと御前山。夏には絶好のキャンプ場となり家族連れでにぎわう

←第2あずまやからの眺望

常陸大宮《ひたちおおみや》市御前山地区から城里《しろさと》町にかけて、標高200〜300㍍の山々が連なる一帯は「御前山県立自然公園」として指定されている。水と緑の豊かな自然に恵まれ、自然観察や野外レクリエーションに最適な場所である。

御前山は那珂《なかがわ》川の流れと原生林の織りなす美しい景色から、「常陸の嵐山《あらしやま》」または「関東の嵐山」とよばれてきた。この山の自然が豊かなのは、江戸時代から「御留山《おとめやま》」としてすべての樹木の伐採が禁じられ、庇護されてきたからである。

御前山の名の由来は、「御前」は貴人の愛称で、孝謙天皇（女帝）を指し、弓削道鏡を愛して重用した天皇が、失脚して下野国の薬師寺別当に左遷された道鏡を追って御前山に移り住んだという伝説からきている。

富士山の北面一帯は、御前山青少年旅行村として開発されてお

■鉄道・バス
往路・復路＝JR水戸駅から茨城交通バス野口行きまたは長倉行きを利用、約65分の御前山バス停で下車。

■マイカー
常磐自動車道を水戸北スマートICで降り、国道123号を約18㌔北上し、道の駅かつらの駐車場を利用する。

■登山適期
登山としてよりも、家族でキャンプと組み合わせて訪れたい山域である。花や新緑の春、紅葉や味覚の秋がすばらしいが、山麓地域のイベントと関連させるのも一興である。

■アドバイス
▽このコースのトイレは道の駅と青少年旅行村だけである。
▽御前山県立自然公園についての案内は、茨城県環境政策課（☎029・301・2940）や常陸大宮市御前山総合支所（☎0295・55・2111）で入手できる。
▽マイカー利用の場合、近隣の立ち寄り湯としては、ごぜんやま温泉保養センター・四季彩館（☎0295・55・2626）がある。

■問合せ先
茨城交通バス浜田営業所☎029・231・5268、御前山青少年旅行村☎0295・55・2222

■2万5000分の1地形図
野口

富士山展望台からの眺望、那珂川にかかるのは御前山橋、遠景は奥久慈の山々

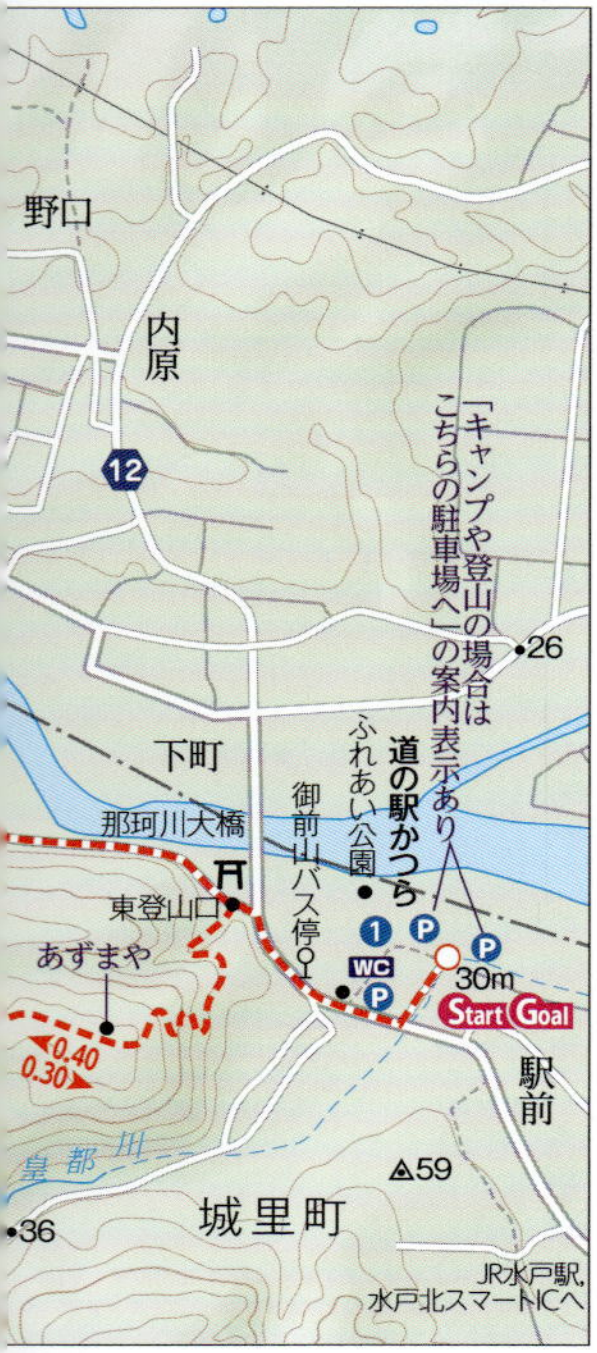

り、シーズンには多くの家族連れや若者でにぎわっている。

ここでは道の駅かつらを起点に、御前山から富士山へ縦走するコースを紹介するが、その大部分は関東ふれあいの道（首都圏自然歩道）の「青少年旅行村のあるみち」となっている。

道の駅かつらから那珂川大橋に向かい、橋の手前を左折したところが東登山口で、木製の鳥居が建っている。登山道は整備されてはいるが、その周りは「御留山」の名残だろうか、自然に任せた植生である。最近イノシシが登山道を掘り返す害が目立っている。

ひと登りして平坦になると、右手にあずまやが建ち休憩によい。

そこからさらに登ると分岐に出る。左手に進むとすぐあずまやが建つ鐘撞き堂跡があり、南側の大展望が得られる。

分岐まで戻り、稜線を北西に進むと標高156メートルの**御前山**山頂だが、山名表記もなく気づかずに通り過ぎてしまうだろう。

西登山口への下り口を経て小さなアップダウンを繰り返し、2本の**車道**を横切り、2ヶ所のあずまやを経て**富士山**に着く。山名板が展望台の前の木に打ちつけられている。眺望は北側が開けていて、那珂川の流れと御前山橋、奥久慈《おくくじ》・男体山《なんたいさん》などが見え、北東方向には高鈴山《たかすずやま》方面を望むことができる。

山頂から急坂の階段を下って**御前山青少年旅行村**に着く。道の駅までは約3・5キロ、那珂川の右岸の県道212号を歩く。

道の駅かつらは関東では第1号として1993年にオープンした

鐘撞き堂跡からの眺望、中央右のピークが赤沢富士

CHECK POINT

1 道の駅かつら脇の那珂川沿いはふれあい公園で、キャンプ場としてにぎわう

2 山頂付近の、藤原時房が築いたという御前山城址。塀、土塁、鐘撞き堂などがある

3 西登山口に下りると藤倉の滝、スギ、ケヤキの美林、カタクリ、イチリンソウ群落の再生試験場などが見られる

4 西登山口への分岐をすぎ、長い階段道を登ると雑木林の中の快適な縦走路となる

5 最初の林道に出ても道には下りないで、右手の林の中の道を進むとよい

6 第2あずまやは右に入った先にある。眼下の那珂川を中心とした眺望が開けている

7 2本目の林道を横切る。登りの道と水平な道があるが、しばらく行くと合流する

8 富士山の展望台からは、足下の那珂川と御前山橋を中心に雄大な眺望が得られる

34

日帰り

鶏足山・富士ヶ平山(赤沢富士)

弘法大師にまつわる伝説の山を、キャンプと組み合わせて登る

けいそくさん 430m
ふじがひらさん 340m
(あかざわふじ)

歩行時間=2時間50分
歩行距離=5km

技術度 ▲▲▲▲▲
体力度 ♥♥♥♥♥

コース定数 =11

標高差 =255m

累積標高差 ↗475m ↘475m

麓から見た山並み。左・富士ヶ平山、中・三角点のあるピーク(南峰)、右・鶏足山(北峰)

焼森山山頂より南の展望、遠く筑波山塊の山々も霞んでいる

御前山《ごぜんやま》県立自然公園に含まれる山々の最南端にあるのが鶏足山で「とりあしやま」ともよぶ。山名の由来は弘法大師の伝説による。山中には弘法大師が護摩《ごま》を焚いたという護摩焚石《たきいし》、厳しい修行のときにのどの渇きをうるおしたつる井戸・かめ井戸、鶏の鳴き声がしたという鶏石《とりいし》がある。

富士ヶ平山は鶏足山南峰から南東へ派出した尾根上にある山で、「赤沢富士」ともいう。山頂には江戸時代に繁栄した富士講につながる浅間《せんげん》神社が祀られている。

付近の登山道は鶏足山環境保全グループにより整備されてきたが、登山口の駐車場は拡大され、男女別のトイレ棟もつくられた。

ここでは地形図では標高の表示は栃木県側になっている焼森山《やけもりさん》から鶏足山、富士ヶ平山とめぐるルートを紹介する。

登山口から茶畑の中を進むと二股となる。ここまで「290㍍《メートル》」と案内図は詳しい。分岐の施設は**上赤沢増圧場**(水道局のポンプ所)

■鉄道・バス
登山に利用できる公共交通機関はない。

■マイカー
城里町を走る県道226号沿いの上赤沢には、鶏足山登山用の駐車場があり、60〜70台程度は駐車可能である。トイレ、水道もある。

■登山適期
家族でキャンプと組み合わせて訪れたいエリアだ。花や新緑の春、紅葉や味覚の秋がすばらしいが、山麓地域のイベントと関連させるのも一興である。

■アドバイス
▽城里町上入野にあるふれあいの里(☎029・288・5505)は、「自然の中で自由きままなくつろぎキャンプ」が売りである。季節に応じた各種体験ができるのが魅力のひとつだろう。
▽登山口の掲示板には山の案内図が貼られ、三つ折りの登山ガイドが入手できることもある。
▽近隣の立ち寄り湯としては、城里町健康増進施設・ホロルの湯(☎029・288・7775)がある。

■問合せ先
城里町役場商工・観光グループ☎029・288・3111

■2万5000分の1地形図
中飯

で、右は富士ヶ平山へ、左は焼森山へのコースである。左の町道中ノ沢線に入り、15分ほどで山道になる。手入れの行き届いた植林地を進み、ジグザグを繰り返すと**弛**《たる》**み峠**に出る。**焼森山**は左へ10分ほどである。南の国見山《くにみやま》、さらには遠く筑波《つくば》山塊まで眺望はすこぶるよい。

鶏足山へは**弛み峠**まで戻り、よく整備さた尾根を進む。2等三角点のある**鶏足山**山頂（**南峰**）からの展望は少ない。**北峰**には祠もあり、宗教的にはここが鶏足山なのであろう。花香月山《はなかづきやま》、八瓶山《やつがめさん》など眺望は抜群である。

護摩焚石、**鶏石**を見て**南峰**に戻り、一部急な道で祠と説明板がある**富士ヶ平山**へ向かう。こちらの山頂にも祠と説明板がある。

山頂からの下りは植林地であるが、信仰の地の名残りの「浅間神社中宮跡」との表示が見られる。

CHECK POINT

1 登山口には登山道案内図の看板や、印刷された案内図が入ったポストも備えられている

2 焼森山には栃木県側からも登山道がある。標識には標高423㍍、鶏足山へ1100㍍とある

3 三角点のある南峰。最近、鶏足山環境保全グループは、ここが鶏足山山頂だとして整備している

4 祠のある北峰。筆者はここを鶏足山山頂としている

5 山頂すぐ北に護摩焚石、山頂より北へ242㍍行ったところに鶏石がある

6 富士ヶ平山山頂の浅間神社。江戸時代に五穀豊穣・家内安全祈願の念仏を奉納していた

35 仏頂山・高峯

鶏足山塊の主峰・仏頂山から高峯へは人気の高いハイキングコース

日帰り

ぶっちょうざん 431m
たかみね 520m

歩行時間＝4時間30分
歩行距離＝13.5km

技術度
体力度

コース定数＝21
標高差＝410m
累積標高差 789m 839m

笠間つつじ公園から見た仏頂山(右)から高峯(左)の稜線、手前は笠間市街

仏頂山は笠間《かさま》市と栃木県との境の山で、東には「片庭《かたにわ》ヒメハルゼミ発生地」として知られる楞厳寺《りょうごんじ》がある。東山麓から見る頂上は平坦になっていて、南の隅を「仏光《ぶっこう》山《ざん》」、北の隅を「仏照山《ぶっしょうざん》」といっているとか。しかしこれは麓から見た名称で、実際に頂上に立ってみても「ここが仏光山、仏照山」とは指摘できない。

高峯は仏頂山の隣の山で、地元では「龍神山《りゅうじんやま》」ともいわれている。南山麓は「山ざくらの里」として整備されており、シーズンには多くの観光客を迎えている。展望台への平沢林道脇には「だいたら坊背負い石」と伝説される巨大な石が横たわっている。

ここでは仏頂山から高峯を越えるコースを紹介するが、その大部分は関東ふれあいの道の「自然林をあるくみち」となっている。

JR水戸線笠間駅から約6キロある**楞厳寺の山門**までタクシーで入る。

山頂に向かう登山道は、楞厳寺本堂の石段手前から左手の樹林の中を通る。巨木の自然林をすぎると、山頂への急な階段が立ちはだかる。最近その左手の植林地帯が伐採されはじめた。登りきると台地上の**仏頂山**の山頂部分に出る。樹木が生い茂り暗い感じだ。

ここから高峯へは尾根道が続く。はじめは植林地だが、しばらくするとコナラ、エゴノキなどの雑木林の歩きやすい山道となる。途中の奈良駄《ならだ》峠前後には、60〜100段ほどの急な階段が3〜4箇所あり、歩きなれないと苦労する。

細い林道が横切る奈良駄峠をすぎ、300メートルで**池亀《いけがめ》分岐**に出る。

■鉄道・バス
往路＝JR水戸線笠間駅が最寄り駅。バス便はないので、タクシー利用となる。
復路＝JR水戸線羽黒駅まで歩く。

■マイカー
仏頂山と高峯の2山をつなげて登るのに適した駐車場は得がたい。ただし登頂を目指すだけなら、平沢林道の駐車場から高峯を経て仏頂山を往復することは可能である。

■登山適期
サクラ、ヤマザクラの季節と木々が葉を落とし、山が明るくなった冬場をすすめたい。

■アドバイス
▽「高峯」の表記は地形図にしたがったが、現地での表示は「高峯山」「高峰」「高峰山」などいろいろだ。
▽高峯から平沢林道に下る道は、登山道以外に並行してマウンテンバイクの道がつけられている。私有地内の専用ロードとして「危険」「立入禁止」の表示があるので注意したい。

■問合せ先
笠間市観光協会☎0296・72・9222、桜川市観光協会（観光課内）☎0296・55・1159、関鉄水戸タクシー☎0296・72・1206

■2万5000分の1地形図
羽黒

平沢集落から見た高峯のヤマザクラ

楞厳寺山門は室町時代中期に建てられ、現在は国の重要文化財に指定されている

歴代笠間家の菩提寺で、本尊の木造千手観音立像は国の重要文化財→

CHECK POINT

1 長い階段が続くが、エスケープ道も造られている

2 仏頂山山頂には3等三角点標石、ベンチ、案内板などがあるが木立のため展望はない

3 奈良駄峠には「岩瀬町池亀2.8km」との表示があるが、道は通れない

4 峠から300メートル登った先に池亀へ下る関東ふれあいの道がある

5 高峯頂上は実に気分がよいところなので、ゆっくり休みたい

6 平沢林道の峠すぐ上の第二展望台からは南側の眺望がすばらしい

7 平沢林道の峠には駐車場とトイレがあるが、ヤマザクラの季節には通行禁止

8 月山寺には美術館も併設されている。見学は寺に申し出て行う（有料）

関東ふれあいの道はここから下っている。さらに明るい雑木林が続き、道は整備されていて歩きやすく、このコース最良の箇所である。まもなく2等三角点の**高峯**山頂に着く。南側の展望が得られる。

西へ100メートル行ったところから五大力堂《ごだいりきどう》に下る道があるが、ヤマザクラの季節にはさらに尾根通しに下りたい。

パラグライダー離陸場、第二展望台からは吾国山《わがくにやま》、加波山《かばさん》、筑波《つくば》山《さん》方面を雄大に望むことができる。平沢林道に下ると**平沢峠**に駐車場とトイレがある。林道を平沢地区に下るが、このあたりはヤマザクラが美しいところだ。また、平沢地区の一角には『常陸国風土記』の逸文に出てくる**大神駅家《おほかみのうまや》跡**がある。

JR水戸線羽黒駅までは約4キロほどあるので、田園風景を愛でながら歩こう。途中の月山寺《がっさんじ》には美術館も併設されている。サクラの季節なら、磯部稲村《いそべいなむら》神社や磯部桜《さくら》川《がわ》公園に寄るとよい。

＊コース図は120ページを参照。

桜川市中里付近の県道289号から見た雨巻山

36

日帰り

雨巻山

歴史ロマンとヤマザクラ、景観美をたどって里山を散策する

あままきさん　533m

歩行時間＝4時間
歩行距離＝13・7km

技術度

体力度

コース定数＝21

標高差＝448m

累積標高差　↗881m　↘906m

凍坂登山口のシャクナゲ

桜川《さくらがわ》市の北、栃木県境に門毛《かどげ》という地区がある。栃木県は古代「毛野国《けぬのくに》」といわれたが、その「毛」の国に入る門という意味で、「門毛」という地名になったとの言い伝えがある。江戸幕府の天領、茨城最大の経塚《きょうづか》遺物が出土した地、無数の寺院跡、門毛城跡、美しい里山の景観にヤマザクラがマッチし「関東の吉野」ともいわれる。こんな地元の宣伝を見て現地を訪ね、すっかり魅了されてしまった。

雨巻山の山頂三角点は栃木県側にあり、「栃木100名山」のひとつになっている。しかし、1300年も前に書かれた『常陸国風土記』には、「新治郡《にいばりのこほり》。〔…北は下野・常陸の二つの国の堺にして、即ち波大岡《はだのおか》なり。〕」とあり、この波大岡は今の富谷山《とみやさん》から雨巻山～高峯《たかみね》～仏頂山《ぶっちょうざん》へ続く山並みなのである。県境に大きく根を張った雨巻山の山体を見ると、茨城県内の山のひとつと主張しないわけにはいかない。ここでは門毛から県境尾根を雨巻山頂にいたり、さらに高峯を越えて羽黒駅に下るコースを紹介しよう。

門毛の多目的集会所から県道286号に出て左へ数分歩き、人家の間を左に入る。ここが凍坂《こおりざか》・前根《まえね》コースの入口である。

道なりに登るとすぐに植林帯

■**鉄道・バス**
往路＝JR水戸線羽黒駅が最寄りの下車駅だが、登山口へ行くバス便はない。隣の岩瀬駅からタクシーを利用する。事前に予約すれば、羽黒駅からの利用も可能だ。
復路＝JR水戸線羽黒駅まで歩く。

■**マイカー**
国道50号の羽黒駅前から県道257号を走り、栃木県境手前の門毛の門毛多目的集会所の駐車場を利用する。

■**登山適期**
サクラ、ヤマザクラの咲く4月と、木々が葉を落とし、山が明るくなった冬場をすすめたい。

■**アドバイス**
▽この山域を散策・登山するには「里山『門毛』散策マップ」や「茨城県桜川市門毛から雨巻山、高峯への登山地図」が便利だ。また、益子町観光協会からは「雨巻山登山ガイドマップ」が出されている。問合せは左記。
▽マイカーの場合の立ち寄りスポットとして、笠間日動美術館（☎0296・72・2160）がある。

■**問合せ先**
桜川市観光協会（観光課内）☎0296・55・1159、益子町観光協会☎0285・70・1120、岡田ハイヤー☎0296・75・2009

■**2万5000分の1地形図**
羽黒

CHECK POINT

1 集会所が使われていない時はクサリがかかっているが、その前にも数台の駐車スペースがある

2 よく整備された登山道を登る

3 県境の尾根を登ってきて、この分岐から県境は下の道となる。山頂へは栃木県内の道となる

4 途中に展望台が設置され、筑波山方面が見える

5 雨巻山山頂のポストには、益子町発行の「雨巻山登山ガイドマップ」が置かれており、大変役に立つ

6 県道286号の深沢峠に下り立つ

7 高峯頂上は大休止するには最適なところだ

8 五大力堂には国を守る大力のある金剛吼、龍王吼、無畏十力吼、雷電吼、無量力吼が納められている

冬の雑木林の稜線はすばらしい。これぞ里山歩きの醍醐味だ。木の間越しに見えるのは高峯

雨巻山山頂手前にはこんなベンチもある

で、途中、門毛城跡の表示があるが、それらしいものは見あたらない。雑木林の中を登ると左手から金場《かなば》・関場《せきば》コースが合流する。さらに明るい雑木林の中を登ると稜線上の**三差路**に出る。左手に10分ほど登ると展望塔、テーブルやイスが置かれた平坦地で、山頂はその先である。**雨巻山**山頂にもテーブル、イスがあり休むには最適な場所である。

　高峯へは先ほどの**三差路**まで戻り、そのまま県境の富士見《ふじみ》尾根を下降する。正面には高峯が大きく眺められる。4等三角点、石の祠を見て、さらに下ると県道286号の**深沢峠**《ふかさわ》に下り立つ。マイカー利用の場合は県道を茨城県側に下ると、出発点に戻ることができる。

　羽黒《はぐろ》駅に下山するには、県道を栃木県側に下り右手の平沢《ひらさわ》林道に入る。900㍍ほど行くと左手に高峯の**登山口**があるので、**高峯**山頂に登り**五大力堂**《ごだいりきどう》へ下る。

　または林道通しに平沢集落に出て、羽黒駅まで歩くのもよい。季節にはヤマザクラが美しい。

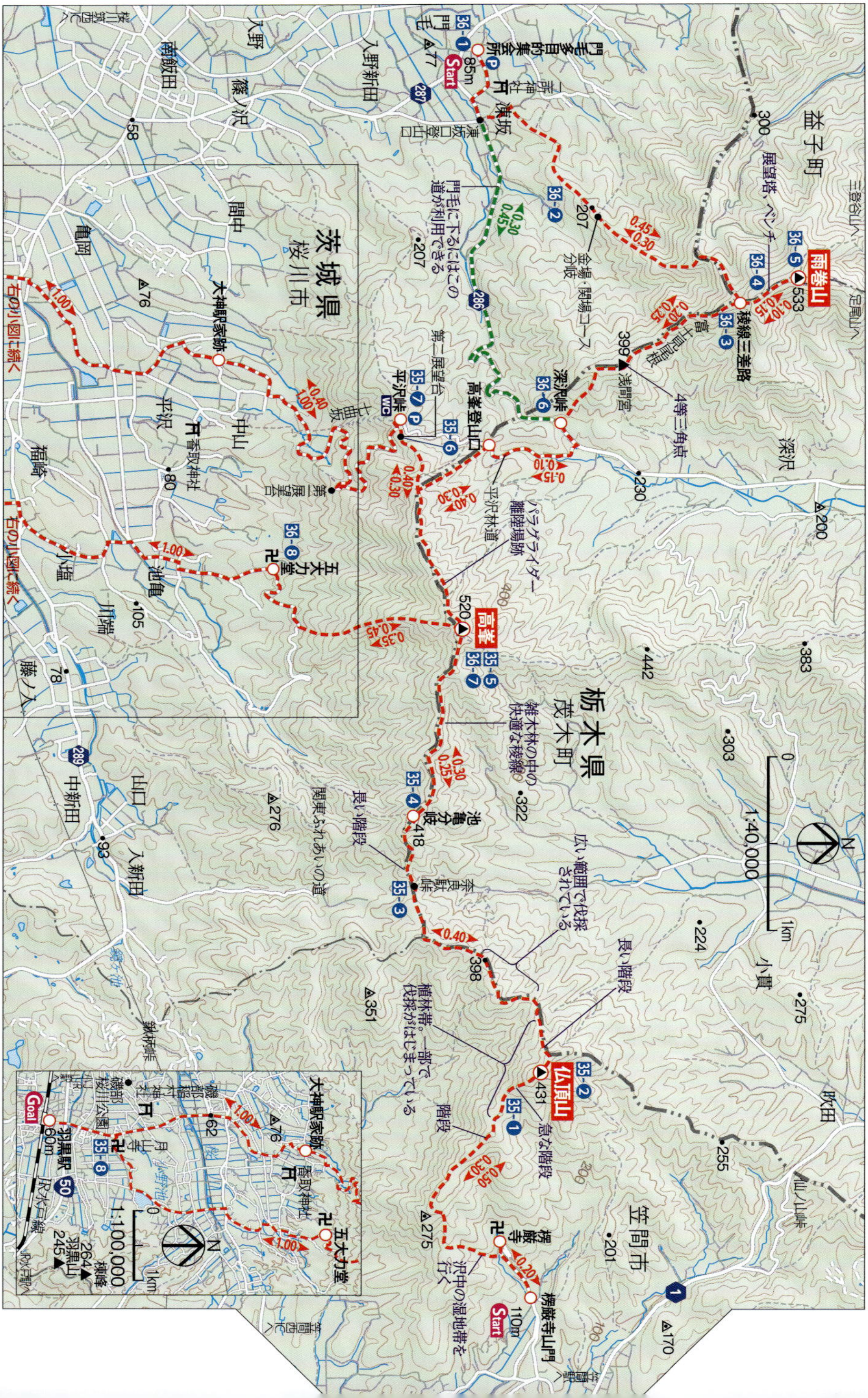

雨巻山
533
稜線三差路
浅間宮
399
4等三角点
深沢峠
高峯登山口
平沢峠
平沢林道
パラグライダー離陸場跡
高峯
520
池亀分岐
418
奈良駄峠
398
仏頂山
431
楞厳寺
楞厳寺山門
110m
Start
門毛多目的集会所
85m
凍坂
益子町
深沢
栃木県
茂木町
茨城県
桜川市
笠間市
大神駅家跡
五大力堂
羽黒駅
Goal
雑木林の中の快適な稜線
長い階段
急な階段
沢中の湿地帯を行く
植林帯。一部で伐採がはじまっている
広い範囲で伐採されている
関東ふれあいの道
門毛に下るにはこの道が利用できる
1:40,000
1:100,000
右の小図に続く

茨城県の山 COLUMN 03

常陸国風土記の山①

2013年は茨城県にとってはエポックメイキングな年であった。年を遡ること1300年前の和銅6(713)年、時の元明《げんめい》天皇が「風土記編纂の詔《みことのり》」を下し、地方の状況を報告するように命令を出したのだ。当時はこの命にしたがい、各国で風土記が作成されたが、現在まで伝わっているのは、わずか5ヶ国のみである。

そのひとつに常陸国、つまり今の茨城県の風土記がある。現存する『常陸国風土記』(以下『風土記』と略記)は長い間に写本され「巳下《しも》は略《はぶ》く」と書かれた省略本である。しかし、それら省かれた部分(逸文)の一部は、他の書物に「『常陸国風土記』に云はく」などと遺されているので伺い知ることができる。

県では「常陸国風土記1300年記念」として大々的な事業を展開した。

では『風土記』にはわが愛する茨城県の山はどのように登場するのかを見てみよう。なお、とりあげた山は本書掲載の山に限らせていただいた。

1 筑波山《つくばさん》

「筑波郡《つくはのこほり》」には、まず郡の名前を「筑波《つくは》」とした由来が記載され、次に「富士山と筑波山を巡る親神様」の話がある。さらに「筑波山」には、花の咲く春、葉の色づく秋、男女が手を取り合い、飲み物や食べ物を持って登ってきて、遊び楽しみ、たくさんの歌が歌われる「歌《か》嬥《がい》」の様子が記されている。歌嬥が行われた場所としていくつか考えられている。

筑波ふれあいの里の夫女ヶ原

真壁町羽鳥の歌姫神社

筑波山の御幸ヶ原

2 足尾山《あしおさん》(葦穂山《あしほやま》)

「新治郡《にひばりのこほり》」には、郡役所より50里(約27キロ)のところに笠間村《かさまのむら》があり、そこへは葦穂山を越えて行く。昔、そこには油置売命《あぶらおきめのみこと》という山賊が居て、今も山の中にはその山賊の岩屋が残っていると記されている。ただ葦穂山は、現在の足尾山のみを意味しているのではなく、周囲の山並み全体を指していると私は解釈している。

新治郡衙(ぐんが)跡の碑

史跡新治廃寺跡

郡衙跡から下野・常陸の国境の「波大岡(はだのおか)」を望む

37

森林浴の道で自然と歴史に触れ、土と炎で語る陶芸の里を散策

富士山・佐白山

日帰り

歩行時間＝3時間
歩行距離＝9km

ふじやま　143m
さしろさん　205m

技術度 ▲▲▲▲▲　体力度 ♥♥♥♥♥

コース定数	＝12
標高差	＝163m
累積標高差	↗333m ↘333m

笠間《かさま》市の笠間つつじ公園一帯は「富士山」や「つつじ山」などとよばれている。公園にはキリシマツツジ系の日の出霧島、ヤマツツジ系のヤマツツジなど約25品種、8500本が咲き誇り、遠くから見ると、山がまるで燃え盛っているようにも見える。

富士山の南にある佐白山は、ピラミッド状の山で巨岩も多く、もともと山自体が信仰の対象になっていた。サクラ、スダジイなどさまざまな樹々が四季折々の姿を見せ、笠間城址の古い石垣や掘割が往時の歴史を偲ばせてくれる。

山頂に鎮座する佐志能《さしの》神社の奥、稲田型黒雲母花崗岩の巨岩が重なり合う石倉《いわくら》からは、霞《かすみ》ヶ浦《うら》や鹿島灘《かしまなだ》まで望むことができる。

笠間駅から**笠間稲荷神社**までは約1・5キロ、神社に詣で、**笠間日《にち》動《どう》美術館**に向かう。駐車場前を左折した先に佐白山観世音寺（通称、佐白観音）があり、さらに進むと笠間つつじ公園に達する。周囲はツツジの時期には全山燃えるようになる。笠間盆地越しの高峯《たかみね》から仏頂山《ぶっちょうさん》の眺望はすばらしい。

富士山は明るい山であるが、**佐白山**は一転して大木の生い茂った深山幽谷の趣となる。「千人溜り《せんにんだまり》跡」「大手門跡」などと表示した石柱が笠間城の史跡を案内してくれ

↑西側から見た佐白山

←つつじ公園から吾国山（中央）方面を望む

■**鉄道・バス**　往路・復路＝JR水戸線笠間駅を利用する。

■**マイカー**　国道50号から笠間市内に入り、笠間日動美術館横の無料駐車場を利用。

■**登山適期**　富士山全山がツツジで燃える時期、および笠間稲荷の菊まつり、笠間芸術の森公園の陶炎祭（ひまつり）などを組み合わせて訪れるとよい。

■**アドバイス**　▽笠間市で行われる各種イベントの際は、市内がマイカーで大渋滞する。JR駅からも近いので、そのような時には公共交通機関を利用したい。

▽笠間市内を効率よく回るなら、駅前観光案内所に60分300円からのレンタルサイクルがある。

▽ツツジが咲く4月中旬～5月初旬にかけて、つつじ祭りが開かれ、期間中の公園入園料は500円である。

▽マイカー利用の場合の立ち寄りスポットとしては、北山公園や春風萬里荘などがある。

■**問合せ先**　笠間市観光協会☎0296・72・9222、笠間駅前観光案内所☎0296・72・1212、北山公園☎0296・78・3911、春風萬里荘☎0296・72・0958

■**2万5000分の1地形図**　笠間

る。七百数十年前に築かれた石垣や礎石が残る道を登ると、山頂の佐志能神社に出る。神社の裏から急な岩場を下ると石倉がある。道標にしたがい**佐白山麓公園**に出て、芸術の町・笠間の顔のひとつ笠間芸術の森公園へ向かう。**茨城県陶芸美術館**があり、イベント広場では5月初旬に陶炎《ひ》祭《まつり》が行われる。

帰路は陶の小径《こみち》を通り、出発点の**笠間駅**に戻る。

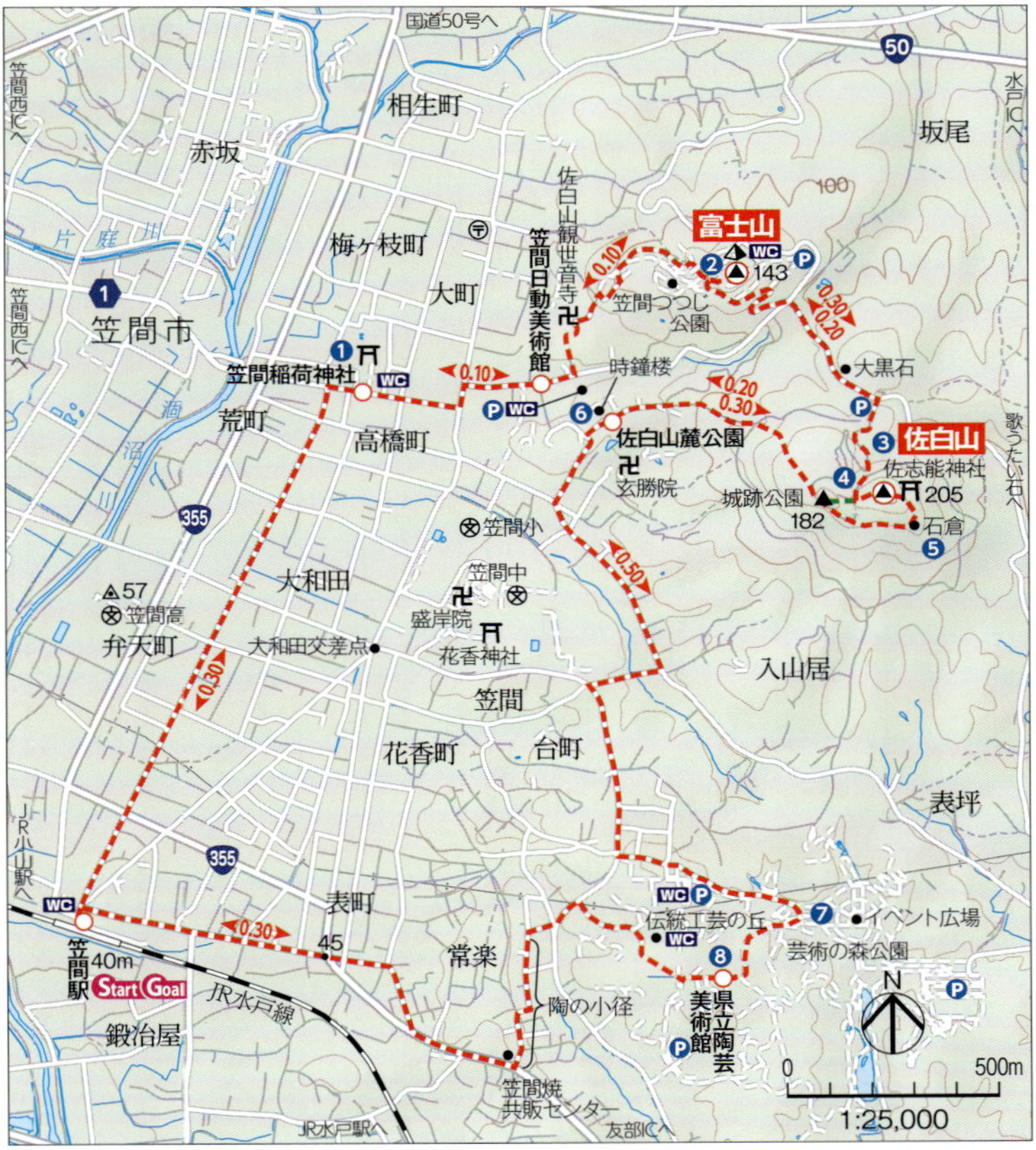

CHECK POINT

1908(明治41)年にはじまった笠間稲荷神社の「菊まつり」は、2024年で117回にもなる

富士山山頂には座頭市の碑、長塚節の歌碑、石切唄発祥の地の碑など観るものが多い。近年キャンプ場やトイレが新設された

大黒石をすぎ、右折して佐白山の懐に入りこむと急に鬱蒼としてくる

今から七百数十年前に築れた笠間城址に建つ佐志能神社へは、傾きかけた古い趣のある石段を登る

石倉から南へはさえぎるものはなく、太平洋まで望むことができる

佐白山麓公園には時鐘楼、大石内蔵助良雄の銅像などが、また近くには坂本九歌碑がある

イベント広場では毎年春「陶炎祭(ひまつり)」が開催され、多くの観光客でにぎわう

笠間芸術の森公園の茨城県立陶芸美術館。2000年に東日本初の陶芸専門の美術館として開館した

*佐白山山頂の佐志能神社は社殿倒壊等のおそれがあり、2024年11月現在立入禁止。紹介コースの石倉は通らず、神社手前から城跡公園へ向かう。

38

筑波山塊最北の御嶽山から雨引山への里山を歩き、森林浴を楽しむ

御嶽山・雨引山

日帰り

歩行時間＝3時間30分
歩行距離＝6・1km

おんたけさん 231m
あまびきさん 409m

技術度
体力度

コース定数＝13
標高差＝357m
累積標高差 478m 479m

御嶽山より西を望む、下を通るのは北関東自動車道

御嶽山は筑波山《つくばさん》に連なる山々の最北端に位置し、関東ふれあいの道が通る。山頂付近には御嶽神社が祀られており、神社裏のあずまやからは北側の眺望が得られる。

一帯は御嶽山森林公園になっており、ヤマザクラやヤマツツジが多く、紅葉の時期は特にすばらしい。

雨引山の山名の由来は、嵯峨天皇の弘仁12(821)年に旱魃による大飢饉があり、この山で降雨祈願を行ったところ、7日7夜にわたり雨が降ったことによるとか。この山は別名「龍蓋山《りゅうがいさん》」といい、龍は雨と水を司るという龍神であることから、元来、雨や水に縁のある山であった。

桜のころのりんりんロード

中腹にある雨引山楽法寺《らくほうじ》は雨引観音とよばれ、坂東観音霊場第24番札所の名刹である。現在は安産・子育ての霊場として知られている。「一に安産、二に子育てよ、山にサクラの楽法寺」と民謡に詠われているように、境内山腹一帯は彩り豊かに約3000本のサクラが花を咲かせる。また、6月にはアジサイ祭も開かれる。関東の奇祭として有名なマダラ鬼神祭は、毎年4月の第1日曜に行われ、その火にあたると一年中病気をしないといわれている。道もよく整備され、道標もこまめにつけられているので安心して登降できる。

岩瀬駅を出て登山口からしばらく登ると不動滝で、階段状の登りで御嶽神社に出る。裏手のあずま

■鉄道・バス
往路＝JR水戸線岩瀬駅で下車し、登山口まで約1キロ歩く。
帰路＝本木バス停から桜川市バスヤマザクラGOを利用し岩瀬駅に出る。なおこのバスは土・日曜、祝日には一日5便が雨引観音を経由する。

■マイカー
国道50号から岩瀬駅へいたり、1キロ先の御嶽山登山口の駐車スペース(約5台)を利用する。

■登山適期
雨引観音周辺のサクラ、アジサイ、御嶽山の紅葉の時期。特に山麓の田植えが終わったころからはすばらしい田園風景が展開する。

■アドバイス
▽マイカーの場合、周回することを考えると「つくば霞ヶ浦りんりんロード雨引休憩所」に駐車し、逆周りすることも一考である。岩瀬駅に下山後、バスで戻ることができる。
▽最近は御嶽山登山口にマイカーを置き、雨引山さらには加波山を往復することも行われている。
▽桜川市発行の「ハイキングマップ桜川市」は大変役に立つ。

■問合せ先
桜川市役所企画課☎0296・58・5111、関鉄パープルバス下妻車庫営業所☎0296・30・5071

■2万5000分の1地形図
岩瀬・加波山・真壁

やからは北側の眺望が開けている。

御嶽神社からは雑木林の道で、4等三角点がある**御嶽山**山頂の脇を経て進むと左手下は砕石場で、青いフェンスに添うことになる。沢を木橋で横切り、植林帯を急登し、御嶽山と雨引山のほぼ中間地点の道標に出る。

雨引山へ400メートル地点にはNTT岩瀬中継所が建っていたが、近年撤去された。山頂直下は長い急な階段道だが、左手ヒノキ林の中に旧道があり、それを利用して**雨引山**山頂に立つ。

道標にしたがい、雨引観音へ下るが、途中に近道があり、直接観音堂に出られる。**雨引観音**からは、車道を縫うようにして残っている旧参道を通るのも一興である。思わぬところに石仏や雨引観音道の大きな石柱が遺されている。

県道に出たら左に曲がる。**本木《もとぎ》バス停**は近い。サクラの時期には、近くのつくばりんりんロード雨引休憩所に立ち寄りたい。

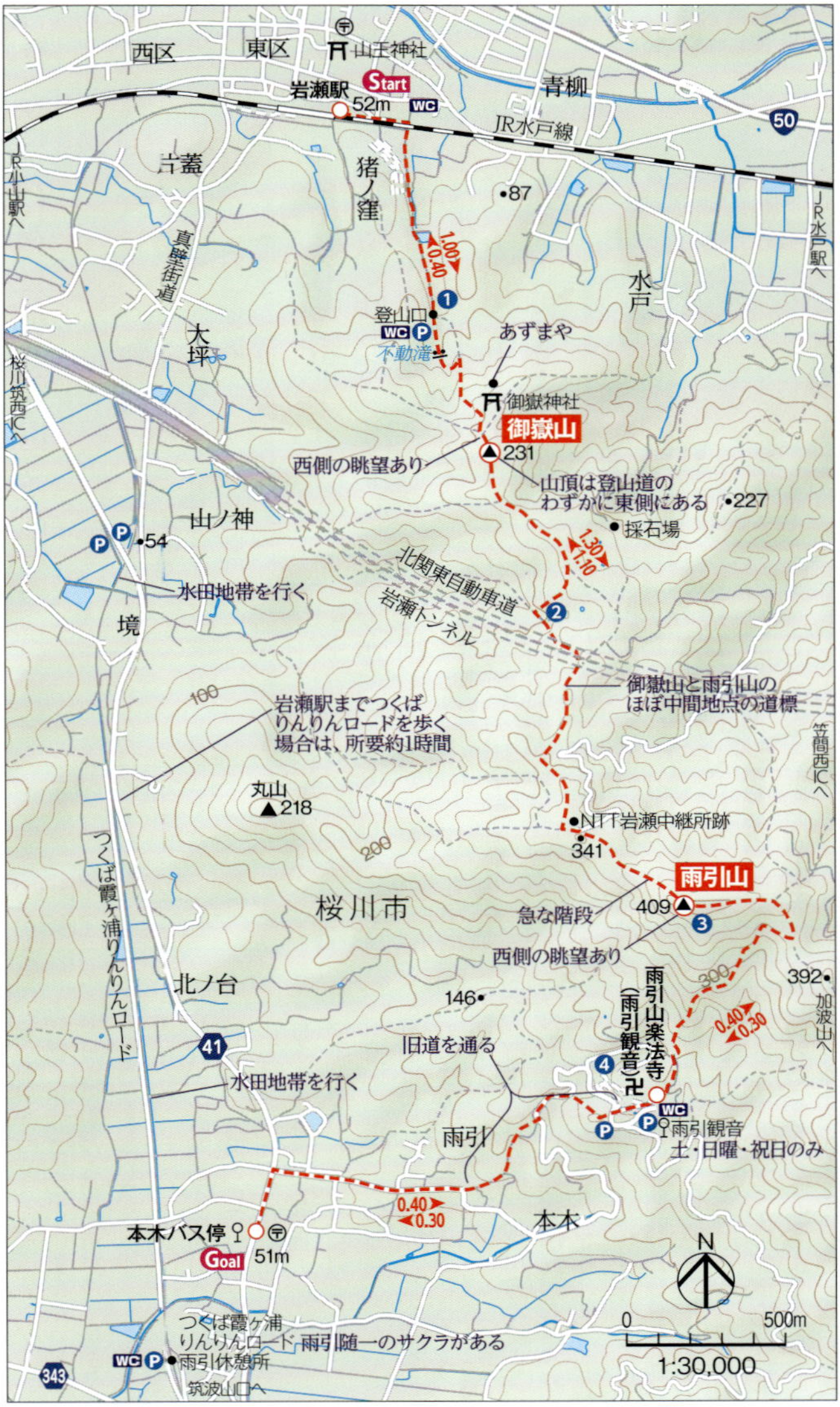

CHECK POINT

登山口には数台の駐車スペースがあり、トイレも新設された

御嶽山から900メートル地点、雨引山との最低鞍部の小川を木橋で渡る

雨引山山頂には2等三角点、あずまや、ベンチがあり、南から西の眺望が開ける

筑波山塊では、季節ごとに訪れたいのは筑波山神社と雨引観音である

39 加波山

山岳信仰の中心だった山。周辺は神秘的な雰囲気が漂う

日帰り

かばさん
709m

歩行時間＝4時間25分
歩行距離＝11・3km

技術度 1/5
体力度 1/5

コース定数＝18
標高差＝669m
累積標高差 登り786m 下り786m

上:登山口となる西麓の長岡地区に立つ加波山三枝祇神社本宮・親宮の里宮
左:加波山神社は2004年に新築されたもので、以前の建物は普明神社として使われている

桜川《さくらがわ》市の大和《やまと》地区、真壁《まかべ》地区の東を南北に連なる筑波山《つくばさん》、足尾《あしお》山《さん》、加波山は常陸《ひたち》三山とよばれ、古くから茨城の山岳信仰の中心地であった。この加波山は古くは「神母山」あるいは「神場山」「神庭山」の文字が当てられ、神と結びついた山を意味していた。山頂一帯には巨岩・奇岩が多く、また社や祠が無数に点在していて、神秘的な雰囲気が漂っている。

稜線近くの登山道。加波山は右手で、左手は燕山

加波山は天狗の山としても知られ、江戸時代の国学者・平田篤胤《あつたね》は、「岩間山（現在は愛宕山という）に13天狗、筑波山に36天狗、加波山に48天狗、日光には数万の天狗がいる」と記している。

周辺はブナ、カエデなどの高木にツツジやウルシなどが混成する自然林で、植物分布を学ぶ上で貴重な地域である。

加波山の神社で毎年行われる祭りを紹介する。ひとつは火渉祭《かしょうさい》で、冬至の日（12月22日）に、桜川市長岡《ながおか》の加波山三枝祇《さえなづみ》神社本《ほん》宮《ぐう》・親宮《しんぐう》の里宮で行われる。圧巻は、六根清浄《ろっこんしょうじょう》の一念のもとに燃え盛る火の道を素足で渉るもので、この時の燃えさしを持ち帰ると病気にならないといわれ、見物人は競って燃えさしを拾っている。

もうひとつは加波山神社摂社《せっしゃ》のたばこ神社が9月の第1日曜に行

■鉄道・バス
往路・復路＝筑波山口またはJR水戸線岩瀬駅から桜川市バスヤマザクラGOで長岡バス停へ。

■マイカー
筑波山の西を通る県道41号から真壁町長岡で加波山の方へ曲がる。加波山三枝祇神社の駐車場を利用させてもらう。石段の下のトイレは閉鎖。寝不動尊のトイレが利用できる。

■登山適期
夏場は避け、紅葉の秋、山が明るくなる冬から春の芽生えのころまで。

■アドバイス
▽桜川市HP内の「桜川市ハイキングマップ」には加波山周辺も含まれているので、参考になる。

■問合せ先
桜川市役所商工観光課☎0296・55・1111、関鉄パープルバス下妻車庫営業所（桜川市バス）☎0296・30・5071、加波山三枝祇神社☎0296・55・1012、加波山神社☎0296・55・3288

■2万5000分の1地形図
加波山・真壁

愛宕山方面から見た八郷盆地越しの足尾山（左）～加波山、燕山（右）の山並み

信仰の山・加波山にはいたるところに社・祠が点在する。左上：加波山普明神社（建て替える前の加波山神社）、右上：加波根不動明王、通称「寝不動尊」、左下：桜観音、右下：加波山神社拝殿

うキセル祭である。加波山中腹（標高638メートル）にある加波山神社真壁拝殿前で火皿に1キロの刻みたばこを詰め、神官が火をつける神事を行い、そのキセルを山頂のたばこ神社本殿前まで担ぎ上げ奉納する。キセルの重さは約60キロもある。

長岡バス停から北へ向かい、大きな横書きの標識にしたがって右折すると**加波山三枝祇神社**に出る。さらに山に向かって進むと加波山神社と普明《ふみょう》神社がある。アスファルト道を登ると二合目には加《か》波《ば》根《ね》不動明王（通称、寝《ね》不動尊）、**三合目**には桜観音が祀られている。ここで親宮道と本宮道が分かれる。

親宮道へは分岐を直進し車道を行く（本宮道は「サブコース」欄を参照のこと）。五合目からは山道になる。右手に沢音を聞きながら、雑木林の中の明るい道を進む。一合目ごとに「東京加波山講」の建てた石柱がある。七合目は山椒魚《さんしょううお》谷《だに》である。営林署の林道が横切ると稜線は近い。

右手の鳥居をくぐると、登山道（禅定道《ぜんじょうどう》ともいう）の左に**加波山神社拝殿**と社務所、右に親宮拝殿がある。これから上部の道の傍らには「先達何々」「大先達何々」と彫られた石碑が林立している。

この先に社は多い。親宮本殿（扁額：加波山親宮）、次にはたばこ神社、さらに登ったピークに加波山

＊コース図は130～131ページを参照。

神社本殿が鎮座している。次の三角点のある**加波山**山頂には本宮本殿、少し下った先に本宮拝殿がある。この拝殿手前で右から本宮道が合流する。

下山は一本杉峠を経由したい。途中には1884（明治17）年に起こった加波山事件を検証する「旗立石」や**「自由之楷」の記念碑**がある。「ウインド・パワーつくば」の2つの風車の中間から昔の登山道が残されており、それを利用する。

一本杉峠から県道218号はかなり荒れている。30分ほど下った二俣の**分岐**から右の林道に入り、岩石採取場の下を通って**三合目**に戻る。

一本杉峠への旧登山道は雑木林の中を下る快適な道だ

12月22日の冬至の日には火渉祭が行われる

サブコース・本宮道

三合目の鳥居から右に入るが、親宮道と違い道標になるものは少ない。右手から岩石採取の音を聞きながら雑木林の中を登る。八合目の石柱をすぎると霊山の雰囲気が漂いだす。森林管理署の林道を横切り、鳥居をくぐると加波山三枝祇神社本宮拝殿手前に出る。

やっと五合目で目印となる石柱が出てきた。次は八合目だ

この鳥居をくぐり加波山三枝祇神社本宮拝殿前に出る

CHECK POINT

火渉祭が行われる加波山三枝祇神社。駐車場は大鳥居前で、20台ほどのスペースがある

三合目で親宮道と本宮道が分かれる。本宮道入口には鳥居がある

親宮道七合目は山椒魚谷で、以前は水場として重宝されたが飲用は気をつけたい

加波山三枝祇神社本宮本殿の扁額には「勅宣　正一位本宮　加波山大神社」とある

1884（明治17）年に起こった加波山事件を顕彰した「旗立石」が尾根の途中に立っている

「自由之楷」の記念碑は、長い階段道を下った北筑波稜線林道丸山線の駐車スペース脇に立てられている

一本杉峠から下の道は非常に荒れているので注意して下る

この二股を右の林道に入る。その先はしばらく緩い登りになり、左折して岩石採取場へ

40

『山と溪谷』創刊号（1930年）に紹介された「裏筑波の峯々」を歩く

きのこ山・足尾山

きのこやま　528m
あしおさん　627m

日帰り

歩行時間＝4時間20分
歩行距離＝14km

技術度　体力度

コース定数＝21

標高差＝587m

累積標高差　767m　767m

↑桜川市真壁町白井から見た足尾山（左）からきのこ山（右）の山並み

←石岡市宇治会（うじえ）付近から見た足尾山

足尾山は筑波山《つくばさん》、加波山《かばさん》とともに常陸《ひたち》三山のひとつである。古くは「葦穂山」、「小泊瀬山《おはつせやま》」ともよばれていたことが『常陸国風土記』に記載されている。山頂には足尾神社の奥の院、山頂近くには拝殿があり、古来足の病を治す神様として信仰されてきた。信者が草履やわらじを奉納する風習が生まれ、最近では、スポーツ選手、競輪選手など、アスリートの参拝も多いという。奥の院、拝殿のほかに石岡市小屋《こや》に里宮がある。俗に「足尾様」といい、祈願は里宮で行っている。

きのこ山は足尾山から南に続く主稜線上にある山。昔からキノコがよく採れたことから、誰となくきのこ山とよぶようになったとか。コナラなど

■鉄道・バス
往路・復路＝JR水戸線岩瀬駅または筑波山口から桜川市バスヤマザクラGOを利用して、真壁城跡バス停で下車する。料金は一律200円。

■マイカー
筑波山の西を通る県道41号を走り、つくば霞ヶ浦りんりんロード真壁休憩所の駐車場を利用する。トイレも付設されている。

■登山適期
桜川市は名前のようにサクラの名所が多い。その時期をおすすめする。

■アドバイス
▽みかげスポーツ公園は現在テニスコートのみ桜川市真壁支所が管理している。駐車場も利用できる。
▽湯袋峠・道祖神峠間全長26・75キロの北筑波稜線林道は1997年3月全線開通した。
▽健脚者には一本杉峠から加波山（126ページ参照）を経て、本宮道または親宮道を下り長岡へ下山することをおすすめする。出発点へは桜川市バスも利用できる。

■問合せ先
桜川市役所商工観光課☎0296・55・1111、関鉄パープルバス下妻本社営業所（桜川市バス）☎0296・30・5071

■2万5000分の1地形図
加波山・真壁

の落葉樹が多く、9月下旬から11月上旬にかけて、千本シメジ、一本シメジ、大黒シメジ、カキシメジなどがとれる。南の上曽《うわそ》峠から主稜線付近を北筑波稜線林道が通り、きのこ山、足尾山付近はハンググライダーやパラグライダーの離陸場になっている。

真壁休憩所から県道41号を横切り、田園風景を愛でながら、**散策の森への入口**（みかげスポーツ公園分岐）にいたる。左の林道端上《はしかみ》線に入り、すぐに散策の森への階段道を登る。途中あずまやもあり、眺望がよく、休憩にはもってこいだ。

先ほどの林道に出て数分行くと、恵みの森最上部に100㍍ほどで出られる道がある。そこからは、前半は尾根の左側を巻くように、後半は雑木の美しい尾根上を登る。続いて、林道に出る手前の分岐を左に、つぼろ台を往復する。大石の重なった加波山の眺めがよいところだ。

林道に戻り、右の尾根道に入ると、雑木林の中の快適な登りが続く。急な箇所には階段、手すりも設けられている。林道を横切り笹薮の道を登ると、パラグライダーの離陸場があり、その上部が北筑波稜線林道である。**きのこ山**へは60㍍である。

足尾山へは稜線林道を北上し、ハンググライダーの離陸場の先から右に入る。再建した新しい拝殿があり、230段ほどの階段を登ると**足尾山**山頂奥の院に達する。周囲の樹木を切ったので眺望が一段とよくなった。

尾根上には林道建設以前の古道があり、これを下ると、ほとんど林道は歩かずに**一本杉峠**に出られる。峠からは左へ県道218号を下るが、その荒れ方は年々激しくなり、今やオフロード車の世界と化してしまった。**車坪**をすぎ、県道41号に出る700㍍手前を左折し、来し方の山々を回想しながら出発点に戻る。

CHECK POINT

1 りんりんロード真壁休憩所の駐車場。満車の際は県道沿いの真壁体育館の駐車場へ

2 林道端上線から散策の森に入る。階段状を登るが横木は腐り気味だ

3 林道より恵みの森に入る。直進してしまうと数㌔林道を歩くことになる

4 つぼろ台は大石の重なったところで、加波山方面の眺望がよい

5 きのこ山の頂上にはあずまや、案内板がある。三角点は薮を横切ったスギ林の中

6 足尾神社の拝殿は2015年11月に再建された。左は社務所、鳥居のすぐ右奥に草鞋奉納所がある

7 足尾神社の奥の院も新しくなったが、従来の方が風格があった

8 一本杉峠からの県道の現状。とても県道などといえる状態ではない

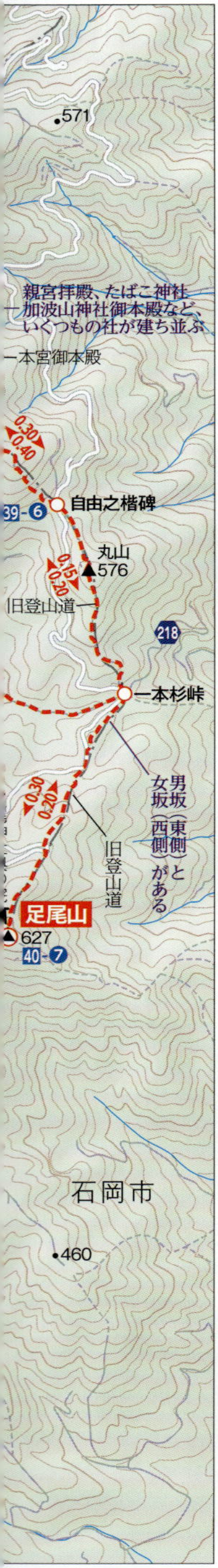

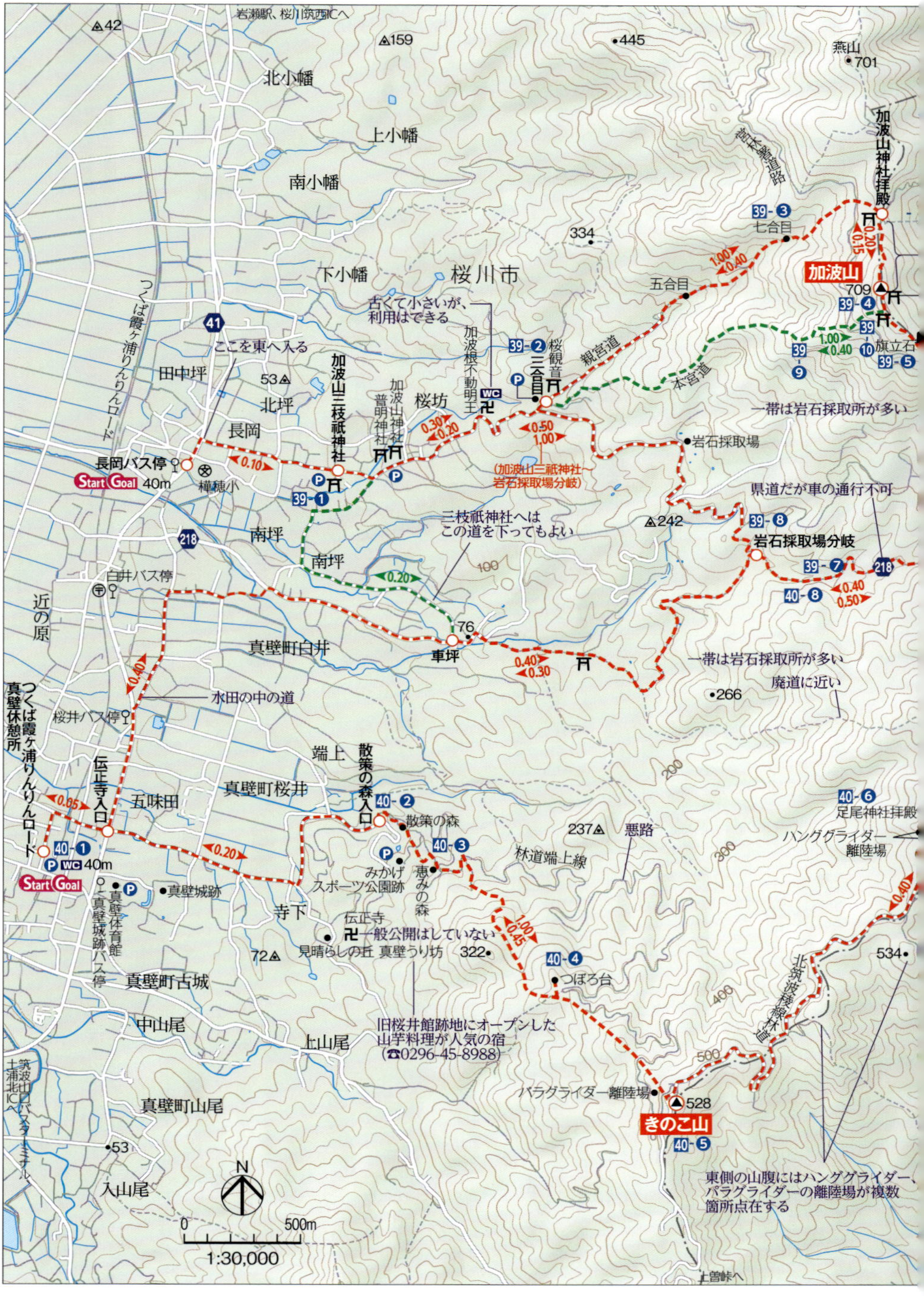

岩瀬駅、桜川筑西ICへ
北小幡
上小幡
南小幡
下小幡
桜川市
加波山神社拝殿
加波山
709
七合目
五合目
燕山
701
親宮道
本宮道
旗立石
古くて小さいが、利用はできる
加波根不動明王
桜観音
三合目
(加波山三枝祇神社～岩石採取場分岐)
ここを東へ入る
田中坪
北坪
桜坊
長岡
加波山三枝祇神社
加波山神社普明神社
長岡バス停
樺穂小
Start Goal 40m
一帯は岩石採取所が多い
岩石採取場
県道だが車の通行不可
岩石採取場分岐
三枝祇神社へはこの道を下ってもよい
南坪
白井バス停
近の原
真壁町白井
車坪
76
242
266
一帯は岩石採取所が多い
廃道に近い
つくば霞ケ浦りんりんロード
つくば霞ケ浦りんりんロード真壁休憩所
水田の中の道
桜井バス停
端上
散策の森入口
伝正寺入口
五味田
真壁町桜井
散策の森
みかげスポーツ公園跡
恵みの森
林道端上線
悪路
237
足尾神社拝殿
ハンググライダー離陸場
真壁城跡
真壁体育館
真壁城跡バス停
寺下
伝正寺
一般公開はしていない
見晴らしの丘
真壁うり坊
322
72
つぼろ台
534
北筑波稜線林道
真壁町古城
中山尾
上山尾
旧桜井館跡地にオープンした山芋料理が人気の宿(☎0296-45-8988)
真壁町山尾
土浦北IC、筑波山口バスターミナルへ
パラグライダー離陸場
528
きのこ山
東側の山腹にはハンググライダー、パラグライダーの離陸場が複数箇所点在する
53
入山尾
1:30,000
上曽峠へ

41

宝篋山

春は多彩な花々、夏は深緑、秋は紅葉を愛で、冬は落葉を踏みしめる里山

ほうきょうさん　461m

日帰り

①常願寺コース　歩行時間＝3時間　歩行距離＝7km　技術度　体力度

②極楽寺コース　歩行時間＝3時間10分　歩行距離＝7km　技術度　体力度

コース定数＝①**14**②**14**

標高差＝①441m②441m

累積標高差　↗534m　↘534m

↗534m　↘534m

南西側つくば市から見た宝篋山。山頂の施設が目印となる

つくば市の北東部で、筑波山の南約7キロに「小田山《おだやま》」とよばれる山がある。中世に常陸国《ひたちのくに》守護職を務めた小田氏の居城があった小田の市街からすぐ先にあるのでそうよばれた。別名「宝篋山」といい、「豊凶山」とも書かれたが、山頂に立つ「宝篋印塔」に由来しており、「宝篋塔峰」ともいわれている。また、「三村山」とも書かれているが、これは鎌倉時代に律宗の布教活動を展開した忍性《にんしょう》が拠点とした三村山清冷院極楽寺《みむらさんせいりょういんごくらくじ》に由来するものである。さらに土浦市周辺ではこの山によって筑波山が見えないことから「筑波隠し」とよばれている。

宝篋印塔とは、「宝篋印陀羅尼《だらに》経」を納めた石塔で、13世紀初頭の石造物とされている。材質は花崗岩で、塔の総高は2・5メートル。筑波山南麓は豊富な花崗岩を産出し、数多くの石造物が残されている地域で、この塔もそのひとつである。宝篋印陀羅尼経は、高い山で唱えれば、見える範囲のすべての生き物の成仏が果たされるといわれるありがたいお経である。

小田の人々にとっては生活に密着した山であったが、昭和30（1955）年代ごろから荒れはじめ、シノダケに覆われ踏み入ることができなくなってしまっていた。そこで、2003年から地元の「NPO小田地区振興協議会」が手を入れはじめ、登山道、休憩所、駐車場、トイレなどが整備された。近頃は「やりすぎ」との声も聞かれるが、当事者たちは宝篋山再整備の目的を「園児、小学生が安全

■鉄道・バス

往路・復路＝JR常磐線土浦駅から筑波山口行きのバスに乗り、約40分の宝篋山入口バス停で降りる。休憩所は約5分の距離である。

■マイカー

常磐自動車道を土浦北ICで降り、国道125号を筑波山方向へ走る。小田十字路を右折し、すぐの小道を左折すると宝篋山小田休憩所である。

宝篋山小田休憩所近くの駐車場。時期によってはウィークデイでも混雑する。満車の場合は、小田十字路を左折し、八坂神社の裏にある大きな無料駐車場を利用する

■登山適期

年間を通して楽しめる山であるが、常願寺コースでは野鳥の森・山桜の森などを通り、極楽寺コースではこぶしの大木、ヤブツツジ群生地などがあるので、春の花の時期が特におすすめである。

■アドバイス

▽宝篋山小田休憩所は年中無休・無料。開所は9～16時（12～2月）、9～17時（3～11月）。

▽宝篋山小田休憩所には、6つのコースを詳しく案内した「宝篋山ハイキングマップ」が常備されている。

に楽しめる低山の里山づくり」として「ご理解を賜れば」と話している。

6つのコースはそれぞれ個性があり、登って楽しいが、ここでは宝篋山小田休憩所をスタート・ゴール地点として常願寺《じょうがんじ》コース、極楽寺コースの2つを紹介する。

●常願寺コース

小田休憩所をスタートしてすぐに極楽寺コースとの分岐になるので、右の道に入る。道標が実に細かくつけられている。田んぼ道から林の中に入ると、右手の細い流れが常願寺川である。

沢の小道に入ると展望岩や湧水地があり、変化が得られる。天狗岩、**くずしろの滝**をすぎると左にトイレも利用できる。

■問合せ先
つくば市経済部観光物産課☎029・883・1111、宝篋山小田休憩所☎029・867・1368

■2万5000分の1地形図
常陸藤沢

←宝篋山山頂の憩い

←宝篋山小田休憩所、うしろの山が宝篋山

CHECK POINT—常願寺コース

1 常願寺コースに設置されているコース案内。A-1のような標柱は緊急時のヘリコプターによる救助目安場所

2 純平歩道は「常願寺コース」「極楽寺コース」「小田城コース」の中腹を横に連結する歩道である

3 尖浅間山頂付近はうっそうとした林だったが、しだいに伐採され、椅子やベンチが造られた

4 バイオトイレは環境保護の観点から2007年春に完成したものである。最近もう一基が造られた

5 山頂の宝篋印塔、13世紀初頭の石造物とされている。最近塔の前下に忍性菩薩像が造られた

6 頂上直下のアンテナを備えた施設は防災関連のもので、関東一円の安全管理に関与している

野鳥の森

尖浅間山頂

純平《じゅんぺい》歩道が分かれる。直進すると道は急になり（長長坂《ちょうちょうざか》）、**尖浅間**《とがりせんげん》に登り着く。以前は雑木の中に大岩が配された趣のある頂上だったが、最近周りの木が切られ、ベンチやイスに変身してしまった。

宝篋山までには野鳥の森、さらには山桜の森で、道はよく整備され森林浴が楽しめる。バイオのトイレをすぎると、眺望抜群の**宝篋山**山頂である。筑波山が目の前に大きく迫っている。また、天気のよい日には富士山も眺められる。

山頂から見る筑波山は大きい

●極楽寺コース

このコースではまず地蔵菩薩立像、石造五輪塔など歴史遺産に触れる。小さな滝に沿って登っていくと**太郎こぶし**の大木に出会い、周囲は休憩場になっている。純平歩道からこぶしの森を抜けて**宝篋山**頂上にいたる。

復路はお互いにもう一方のコースを下るとよい。

胸高2.7㍍のこぶしの巨木

CHECK POINT 極楽寺コース

1

地蔵菩薩立像は俗に湯地蔵という。安産と乳が出るようにとの祈願から小田の人々によって守られてきた

2

最近できたイノシシ進入防止の扉。登山者用と車両用の扉がある

3

五輪塔は花崗岩製、総高2・765㍍で、輪は上から「空輪」「風輪」「火輪」「水輪」「地輪」という

4

「五条の滝」「こころの滝」「白滝」「葵の滝」と名づけられた小滝が続いている

5

太郎こぶしの巨木の下にある休憩所、テーブル、イスもあり冷たい水も流れている

6

こぶしの森展望台付近も樹木が切り払われ明るくなった

↑こぶしの森の元禄こぶし

←小田城跡歴史ひろばより宝篋山

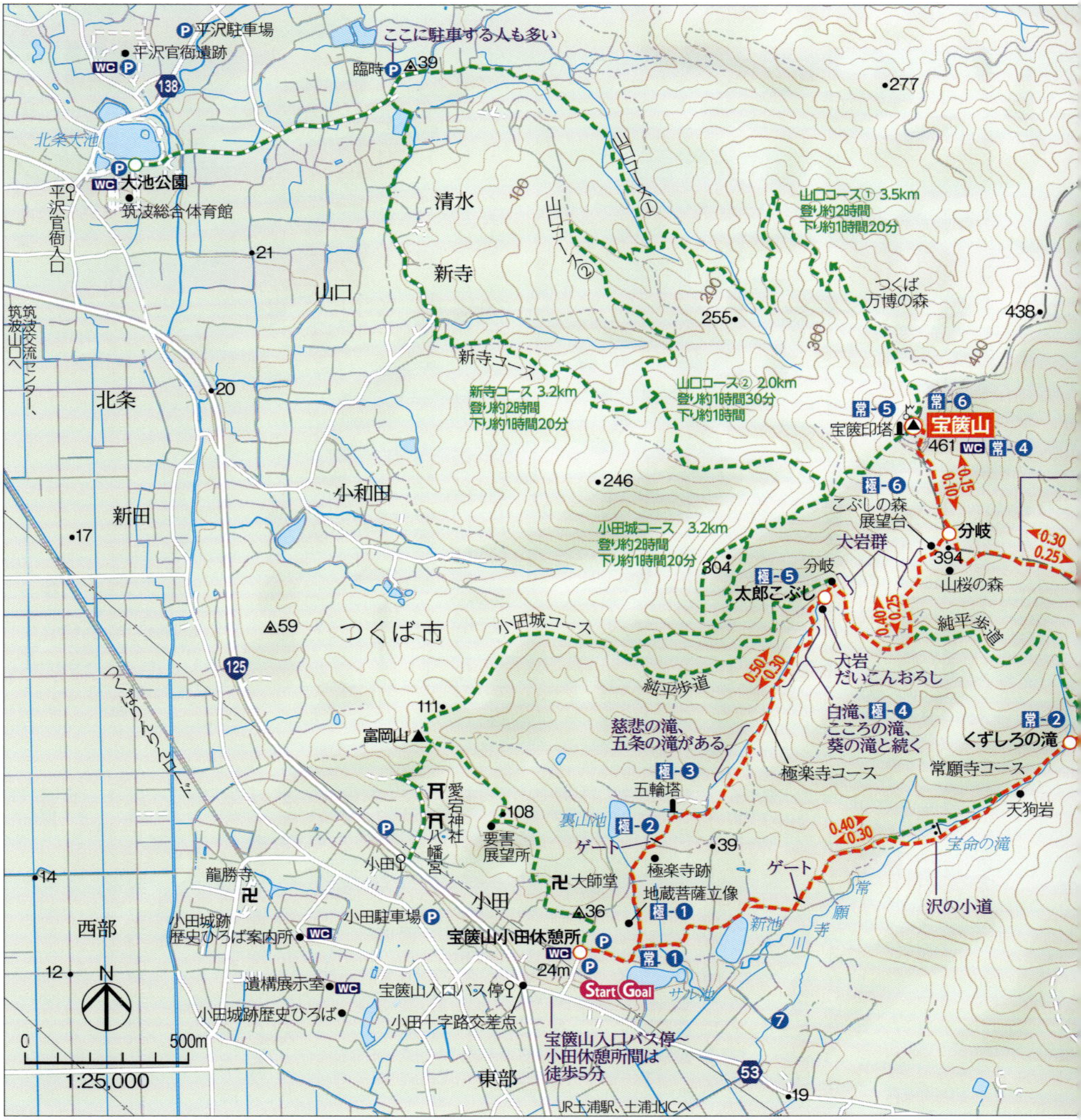

42

豊かな自然を訪ねる家族向きのハイキングコース

雪入山・浅間山

日帰り

歩行時間＝3時間40分
歩行距離＝13・5km

ゆきいりやま 345m
せんげんさん 344m
（最高点 390m／パラボラ山付近）

技術度
体力度

コース定数＝18
標高差＝356m
累積標高差 737m 741m

雪入集落付近から見た山並み、稜線中央あたりの高みが雪入山山頂

雪入山のパラグライダー離陸場跡からの南望、すぐ下が雪入集落

筑波山《つくばさん》から南に続く稜線が東に向きを変え、徐々に高度を下げていく「東筑波の山々」、その南山麓に「雪入」という響きのよい名の集落がある。春になり、裏山にヤマザクラが咲くと、ちょうど雪が積もったようになるので、この名があるとの説もある。

さらに「雪入」については、大化の改新で設けられた常陸国《ひたちのくに》の筑波郡佐野郷《さやのこほり》に属し、江戸時代には「雪の入村」の表記もあったとか。今でも集落内には歴史的文化財が多く残されており、それらを探訪するのも有意義なことである。

中腹には「かすみがうら市雪入ふれあいの里公園」があり、ネイチャーセンターを中心とした雪入山の豊かな自然を訪ねるハイキングコースが整備されている。

上佐谷《かみさや》バス停を出発。45分ほどで**ふれあいの里公園**に着く。公園の駐車場西端から下の林道雪入沢線へ下る。この林道を直進し、未

■鉄道・バス
往路＝JR常磐線土浦駅から柿岡車庫行き関鉄グリーンバスを利用し、約25分の上佐谷バス停で下車。復路＝上志筑バス停から関鉄グリーンバスで土浦駅へ。

■マイカー
常磐自動車道を千代田石岡ICで降り、主要地方道53号、64号と走り、上佐谷小入口を左折して雪入ふれあいの里公園へ。

■登山適期
コース中の竜ヶ峰、剣ヶ峰付近はサクラの名所で、雪入山南面の成沢には約3000本のヤマザクラが自生する。これらの花期をおすすめ。

■アドバイス
▽最近この一帯の山々は「千代田アルプス」と命名され、「雪入探検隊」の協力によって、より詳細なコースマップが作られている。
▽立ち寄りスポットとして、いばらきフラワーパーク（☎0299・42・4111）、小町の館（☎029・862・1002）がある。

■問合せ先
かすみがうら市観光課☎0299・59・2111、雪入ふれあいの里公園ネイチャーセンター☎0299・59・7000、関鉄グリーンバス石岡営業所☎0299・22・3384

■2万5000分の1地形図
柿岡・常陸藤沢

舗装の道に出たら右折、いやしの里先の**分岐**まで登る。稜線までの急坂を登り、出た林道を右に登ると稜線は広い平坦な道で、パラボラアンテナの施設があり、「パラボラ山」とよばれている。

やや下り気味の道を進むと**剣ヶ峰**の表示があり、広場になっていて、南側が開けている。テーブルやイスも設置されているので、休憩に最適である。

広場からいったん下って緩く登ると**雪入山**山頂に登り着く。さらに下るとパラグライダー離陸場跡があり、その先、青木葉《あおきば》峠からひと登りした先の黒文字《くろもじ》平《だいら》からの筑波山は絶景である。**浅間山**は古くから信仰の山として登られている山で、山頂への登路は表参道の趣が感じられる。

右に三ツ石森林公園への道を分け、緩く下ると閑居山《かんきょざん》の分岐だ。さらに下れば権現山《ごんげんやま》で、南側が開け**御野立所**《おのだちしょ》**の碑**も立っている。

権現山を下ると舗装道路で、帰路のバス停は**上志筑**《かみしづく》である。マイカーの場合は環境クリーンセンター跡を経てスタート地点までは長い山麓歩きが待っている。パーティによっては途中の浅間山からエスケープすることも行われている。

CHECK POINT

1

剣ヶ峰広場はベンチも多く、休憩するパーティが多い

2

浅間山山頂には八郷南デジタルテレビ中継放送所の巨大なアンテナが建てられ、かつての趣がなくなった

3

閑居山摩崖仏への分岐。ここから急坂を200㍍ほど下りると摩崖仏がある

4

権現山山頂付近は公園になっていて、あずまや、石柱、大きな石の祠などがある

茨城県の山 COLUMN 04 常陸国風土記の山②

3 御岩山《おいわさん》（賀毘禮高峰《かひれのたかみね》）

「久慈郡《くじのこほり》」には、東の大きな山を賀毘禮高峰《かひれのたかみね》と謂うとして、麓に住んでいた立速男命《たちはやおのみこと》という神様に賀毘禮高峰にお移りいただいた経緯が記されている。

御岩神社

山頂の「賀毗禮之高峰」の表示

山頂直下の「天の岩屋」

4 竪破山《たつわれさん》（角枯山《つのかれのやま》）

「信太郡《しだのこほり》」に関する逸文に、黒坂命《くろさかのみこと》が陸奥《みちのおく》の蝦夷を征伐し凱旋する途中に、多珂郡《たかのこほり》の角枯山《つのかれのやま》まできた時、病に倒れお亡くなりになった。そこで角枯山を黒前山《くろさきのやま》と名付けたと記されている。その黒前山が竪破山である。

黒坂命が休んだとされる岩窟(胎内石)

黒坂命の墓(古墳)が稲敷郡美浦(みほ)村にある

美浦村陸平(おかだいら)貝塚のまつり

常陸風土記の丘

『風土記』の記載とは直接の関係はないが、風土記の名のついた施設が石岡市にある。

「地下の正倉院」といわれる鹿の子《かこ》遺跡を復元した「鹿の子史跡公園」や、石岡市内で出土した土器などの考古資料を見学できる「展示室」があり、石岡の歴史を体感できる観光施設である。また、石岡の祭りにちなんだ日本一の大きさを誇る獅子頭展望台(台座からの高さ14メートル、幅10メートル、奥行き10メートル)は石岡のランドマークになっている。

4月のサクラ、5月のサツキ、ツツジ、6月のアジサイ、アヤメ、7月のスカシユリをはじめ、7月中旬から8月上旬の大賀古代ハス、9月から10月はコスモス、11月の菊など四季折々に咲き誇る花々が楽しめる。

古代の門

獅子頭展望台

常陸風土記の丘
☎0299-23-3888
営業時間 9～17時(11～2月は16時)

43

愛宕山

天狗の山・愛宕山は、展望のよいファミリー向けのハイキングコース

日帰り

あたごやま　293m

歩行時間＝4時間25分
歩行距離＝14km

技術度

体力度

コース定数＝19

標高差＝342m

累積標高差　648m　648m

北側上郷地区から見た愛宕山

吾国《わがくに》愛宕県立自然公園は、吾国山、難台山《なんだいさん》、愛宕山とその周辺の丘陵地帯を公園区域としている。吾国山のブナ林、カタクリ、難台山のミズナラ、クマシデ、長沢《ながさわ》のスズラン群生地、団子石峠《だんごいし》から愛宕山にかけてのススキ草原などの興味ある植生が残されている。また、花崗岩と特異な地形で、ワシ・タカ類、アゲハチョウ類などを見ることができる。稜線にはハイキングコースが整備され、自然観察に最適である。

昔、愛宕山が「岩間山《いわまやま》」といわれていたころは女人禁制の山で、筑波山《つくばさん》、加波山《かばさん》と並んで、天狗の修験道場のひとつであった。ここには13人の大小天狗が住み、厳しい修行で身につけた術で重い病人を救ったり、天候を予知して作物の豊凶を占ったりして、人々を幸せにしていたという。

山頂に祀られている愛宕神社は「日本三大火防神社」のひとつで、祭神は火難除けの神様である火之《ほの》迦具土命《かぐづちのみこと》である。神社の奥に飯縄《いいづな》神社、社殿奥に銅製の六角形神輿形式の奥宮・六角殿と十三天狗を祀った十三天狗の祠がある。

現在は山頂付近まで車道が通じ、山頂一帯はあたご天狗の森として整備され、宿泊・研修施設を整えたエトワ笠間がある。

岩間駅から道標にしたがい愛宕山へ向かうが、約1時間の道程である。**愛宕山**の駐車場から道標にしたがって進むと乗越峠《のっこし》に出る。その先から山道を登ると鐘転山《かねころばしやま》への分岐となる。右の道を緩く下ると十字路となり、正面の広い防

■鉄道・バス
往路・復路＝JR常磐線岩間駅が最寄りの駅である。

■マイカー
常磐自動車道を岩間ICで降り、県道43号を愛宕山に向かい、「あたご天狗の森」の駐車場を利用する。駐車スペースは広く、トイレもある。

■登山適期
サクラの季節、空気が澄んで展望のよい冬場をおすすめする。

■アドバイス
▽グランピングも楽しめるエトワ笠間（☎0299・56・7075）に宿泊し、時間をかけて周囲を散策するのも一興である。
▽笠間・吾国愛宕県立自然公園協議会から「笠間・吾国愛宕ハイキングマップ」が出されている。問合せ先は左記3ヶ所へ。
▽マイカーの場合の立ち寄りスポットとしては、近隣に常陸風土記の丘（☎0299・23・3888）があり、おすすめ。

■問合せ先
笠間市役所観光課☎0296・77・1101、石岡市役所商工観光課☎0299・23・1111、桜川市役所商工観光課☎0296・55・1111

■2万5000分の1地形図
岩間・加波山

表山（パラグライダー旧西基地）から見た八郷盆地越しの筑波山の大パノラマ

CHECK POINT

1

ハイキングコース入口は天正宮の先にあり、愛宕山まで1.3キロ、40分である

2

愛宕山には13の天狗が住んでいたといわれ、愛宕神社には天狗の面が奉納されている

3

愛宕神社の奥社である飯縄神社の悪態祭は、怨霊や疫病の悪を退治する祭りである

4

鐘転山との分岐に「笠間・吾国愛宕ハイキングコース①」の道標が立つ。福原駅の道標は「同㉕」である

5

尾根上の広い道は防火線を兼ねている

6

団子石峠には林道開設記念碑があり、左右からの林道は車の通行が可能である

7

滝入不動尊の縁日は毎月28日であったが、近年はその前後の日に行われている

8

宍戸アルプスなどといわれる山並みの盟主は加賀田山（410メートル）

火線が南山への道である。部分的に急な箇所もあるが、歩きやすい。すすき原をすぎるとまもなく**南**《みなみ》**山**《やま》である。山頂の展望台は取り壊され、展望は愛宕山方面のみ。

八郷《やさと》盆地越しに筑波山方面の大眺望が得られる「八郷スカイパーク（休業中）」を往復する。山頂から南へ荒れ気味の下ると林道に出るので、それを進むと**表山**のパラグライダー旧東基地で、南の眺望が開けている。そこからさらに西に林を抜けると、途中に三角点があり、旧西基地に出て、西から北の大眺望が得られる。

南山に戻り、**団子石峠**へ下る。左右から林道が上がってきているので、右の岩間町側へ下る。舗装された林道は歩きやすいが、周囲が植林地のため眺望はない。

愛宕山から下ってくる林道を少し戻ると**滝入**《たきいり》**不動尊**がある。愛宕山の駐車場へ戻るにはこの林道を登ればよい。

岩間駅へ戻る道からは水田越しに加賀田山を望むことができる。

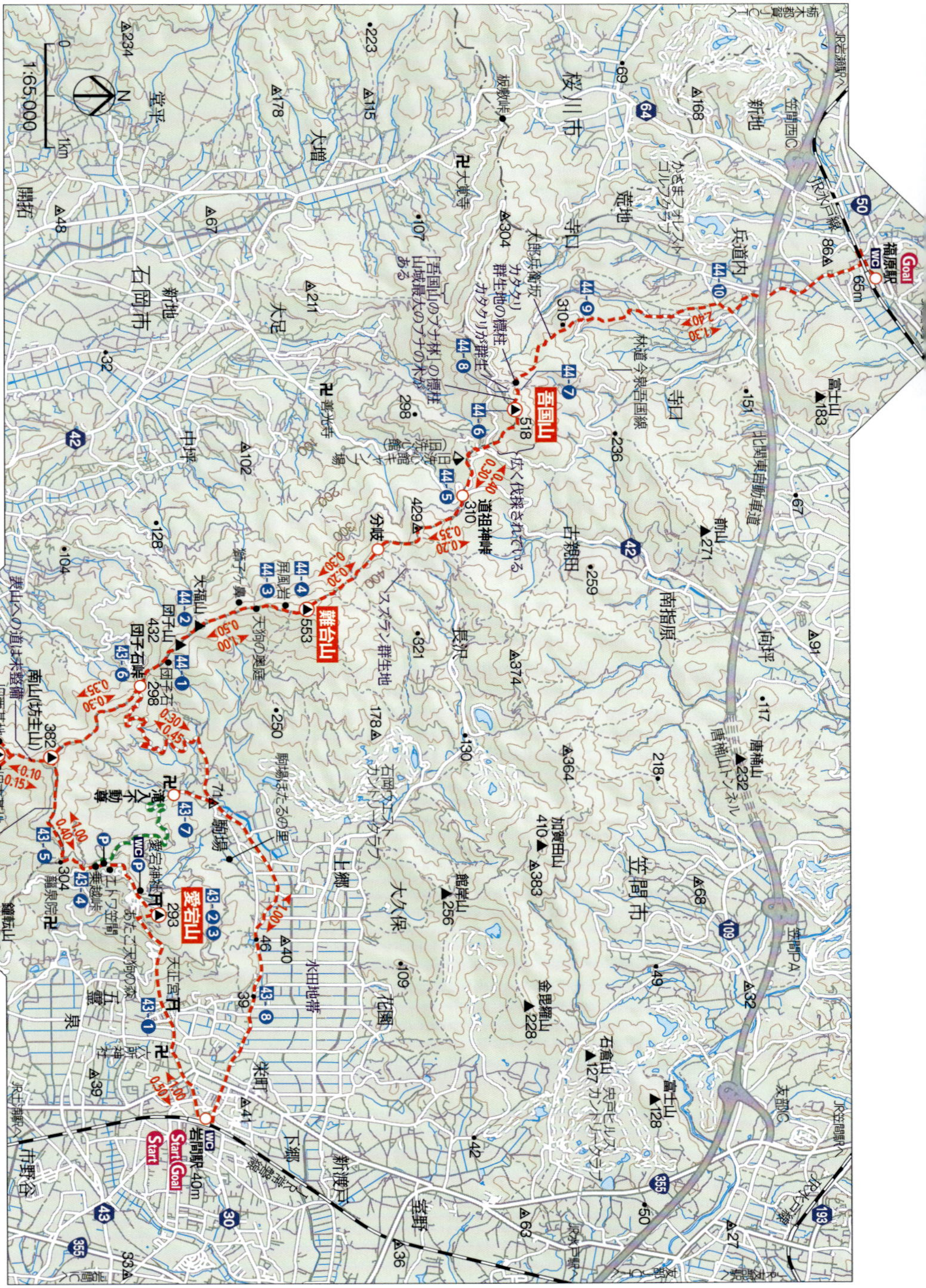
1:65,000
0
1km
N
Goal
福原駅
65m
Start
Goal
岩間駅 40m
吾国山
518
難台山
553
愛宕山
293
道祖神峠
310
分岐
団子石峠
298
団子山
432
大福山
南山(坊主山)
382
表山
362
桜川市
石岡市
笠間市
北関東自動車道
JR水戸線
常磐線
広く伐採されている
スズラン群生地
天狗の庭
表山への道は未整備
旧西墓地
旧東墓地
愛宕神社
あたご天狗の森
滝入不動尊
駒場
上郷
大久保
加賀田山
館岸山
金毘羅山
富士山
難台山
屏風岩
獅子ヶ鼻
カタクリ群生地
笠間西IC
笠間PA
友部IC
唐櫃山トンネル
兵道内
寺口
古観田
南指原
市野谷
泉
下郷
新渡戸
室野
長沢
大足
大増
中峰
堂平
開拓
新地
荒地
林道今泉吾国線
1:30
2:40
0:40
0:30
0:35
0:20
0:30
0:20
0:50
1:00
0:35
0:30
0:30
0:45
0:10
0:15
1:00
0:40
1:00
0:50
1:00

44

愛宕山から難台山を経て吾国山へ、県内では長い縦走ができる好ルート

難台山・吾国山

なんだいさん　553m
わがくにやま　518m

日帰り

歩行時間＝6時間20分
歩行距離＝16km

技術度
体力度

コース定数＝28
標高差＝513m
累積標高差 ↗1125m ↘1100m

石岡市根本付近から見た吾国山（左）と難台山（中央）の山並み

難台山は「男体山《なんたいさん》」、「羽梨山《はなしやま》」、「御岳《みたけ》」などともよばれている。山頂には御岳神社の小祠とりっぱな山座同定盤があるが、眺望はよくない。

この山にあった難台山城は城というよりは山そのものである。現存する明瞭な遺構は少なく、県史跡に指定されているのは、東南に500メートルほど下った中腹の観音平《かんのんだいら》のものである。

難台山の北麓の長沢《ながさわ》には、本州では数少ない野生スズランの群生地がある。ゴールデンウィークごろに開花して、小さく可愛い花を葉の下に咲かせる。スズランは、ユリ科の多年草で、「君影草」「谷間の姫百合」の別名もある。花言葉は、幸福・純潔・純粋である。

吾国山は笠間《かさま》市と石岡《いしおか》市八郷《やさと》地区の境に位置する。東を主要地方道42号（笠間つくば線）が通り、道祖神《どうろくじん》峠で山稜を乗り越す。山頂からの眺望はすこぶるよい。山頂には、石垣に囲まれた土塁の上に伊勢大神宮を祀る田上《たがみ》神社がある。頂上直下北側のカタクリの群生地はすばらしく、一見の価値がある。

岩間駅から団子石峠までは、㊸愛宕山（139ページ）を参照のこと。

団子石峠から難台山へは防火線にもなっている広い道を登る。途中、団子のような塊の団子石、4等三角点のある団子山、命名に疑問の残る大福山、さらに獅子ヶ鼻、天狗の奥庭、屏風岩などをすぎて**難台山**山頂に達する。

道祖神峠への道は、距離は短いがアップダウンが激しい。ロープ

■鉄道・バス
往路＝JR常磐線岩間駅で下車。
帰路＝JR水戸線福原駅から乗車。

■マイカー
マイカーを利用し難台山、吾国山を1日で往復する場合は、道祖神峠の駐車スペースを利用する。また、健脚パーティーは愛宕山の駐車場を利用し、吾国山往復も行われている。

■登山適期
落葉を掻き分けて歩く冬場が最高である。さらには長沢のスズラン、吾国山のカタクリなどその花期をおすすめする。

■アドバイス
▽「道祖神峠」の読みは、「どうろくじんとうげ」とする説もある。
▽マイカー利用の場合、近隣の立ち寄りスポットとしては、常陸国風土記の丘（☎0299・23・3888）がある。

■問合せ先
笠間市役所観光課☎0296・77・1101、石岡市役所商工観光課☎0299・23・1111、桜川市役所商工観光課☎0296・55・1111

■2万5000分の1地形図
岩間・加波山・羽黒

は張られているが、雨の日は足場が悪く苦労する。**分岐**で右にスズランの群生地への道を分けて**道祖神峠**に下る。ここは交通量の多い場所だが、左右どちらに下りても公共交通機関までは遠い。

洗心館《せんしんかん》跡への林道を進み、右の山道に入る。手入れの行き届いた植林地帯だったが、右手側が大きく伐採されて、展望が広がった。**吾国山**頂上の神社裏から八郷盆地側の大眺望が楽しめる。

福原《ふくはら》への下山はカタクリの群生地、ブナの原生林、太郎兵衛《たろべえ》坂を通っていくが、意外とヤマザクラの巨木も多い。足もとに「何々丁目」と彫られた石柱が立ち、それを確認しながら下るのも楽しい。北関東自動車道をくぐってから**福《ふく》原《はら》駅**までは、けっこう遠く感じる。

CHECK POINT

1 団子石の近くのピークが「団子山」、何となく了解できる

2 次の「大福山」は、「団子」に「大福」の語呂合わせのようで、この山名には疑問を呈したい

3 何でこんなところにと思うほど、屏風岩はまさに屏風のごとくすっきりと立っている

4 難台山山頂を取り巻く樹木は、ヤマザクラ、リョウブ、イヌシデ、エゴノキ、ヤマウルシなどである

5 道祖神峠は主要地方道42号（笠間つくば線）が通る。早期トンネル化が要望されている

6 吾国山頂上の田上神社。神社裏からの大眺望は、「すばらしい！」の一語に尽きる

7 福原駅への下山道には「丁目」を表示した石があり、頂上直下の「三十三丁目」からしだいに減じている

8 吾国山の山頂から北側一帯はカタクリの大群生地である。保護のため柵が設けられている

9 洗心館跡付近から続く「林道今泉吾国線」を横断する

10 麓の二丁目石には、「左従是我国山二丁目、右加波山」と彫られている

＊コース図は141㌻を参照。

広い尾根道を行く（大福山〜獅子ヶ鼻間）

吾国山山頂より来し方の難台山方面を望む

●著者紹介

酒井　國光（さかい・くにみつ）

1939年茨城県下館市（現・筑西市）に生まれる。初登山は12歳での高尾山。以後、東京都西部の丘陵地帯、丹沢山塊、八ヶ岳等の山々を歩き回る。

長じて昭和山岳会では、厳冬期の北穂高岳滝谷の登攀を主目的として槍穂高に足繁く通い、『地域研究　我が青春の槍穂高・滝谷』（2013年）を纏める。さらに、黒部川流域の山々では無雪期には沢、積雪期には尾根で活動し、『黒部雪山』（1988年）を、地域研究団体「黒部の衆」のメンバーとして『黒部別山』（1986年）、『黒部別山　積雪期』（2005年）を出版した。海外登山にも興味を持ち、日本ヒマラヤ協会に所属し、その会長を10年間務めた。

海外登山隊には17回参加し、そのうちの14回は隊長であった。総隊員数108名のうちの約60%・64名が登頂を果たした。自分でもブロード・ピーク（8047メートル）、ムスターグ・アタ（7546メートル）など、日本にはない標高の山10数座の頂上に立つことができた。65歳で定年退職し、以降郷土の山々で山歩きを楽しんでいる。その結果は、日本山岳会茨城支部創立5周年記念誌『茨城の山事典』（2013年）として出版した。

著書に『春山』（山と溪谷社／1996年）、『登り続けて六〇余年』（2019年）。『春山』と本書以外の6冊はすべて自費出版。

分県登山ガイド07

茨城県の山

2016年10月5日 初版第1刷発行
2025年 2 月1日 初版第5刷発行

著　者 —— 酒井國光
発行人 —— 川崎深雪
発行所 —— 株式会社 山と溪谷社
〒101-0051
東京都千代田区神田神保町1丁目105番地
https://www.yamakei.co.jp/

■乱丁・落丁、及び内容に関するお問合せ先
山と溪谷社自動応答サービス　TEL03-6744-1900
受付時間／11:00～16:00（土日、祝日を除く）
メールもご利用ください。
【乱丁・落丁】service@yamakei.co.jp
【内容】info@yamakei.co.jp

■書店・取次様からのご注文先
山と溪谷社受注センター
TEL048-458-3455　FAX048-421-0513

■書店・取次様からのご注文以外のお問合せ先
eigyo@yamakei.co.jp

印刷所 —— 大日本印刷株式会社
製本所 —— 株式会社 明光社

ISBN978-4-635-02037-4

●編集
WALK CORPORATION
吉田祐介
●ブック・カバーデザイン
I.D.G.
● DTP
WALK DTP Systems
水谷イタル
株式会社 千秋社
● MAP
株式会社 千秋社

●乱丁、落丁などの不良品は送料小社負担でお取り替えいたします。
●定価はカバーに表示してあります。

■本書に掲載した地図は、国土地理院長の承認を得て、同院発行の数値地図（国土基本情報）電子国土基本図（地図情報）、数値地図（国土基本情報）電子国土基本図（地名情報）、数値地図（国土基本情報20万）及び基盤地図情報を使用したものです。（承認番号　平28情使、第277号）
■各紹介コースの「コース定数」および「体力度のランク」については、鹿屋体育大学教授・山本正嘉さんの指導とアドバイスに基づいて算出したものです。
■本書に掲載した歩行距離、累積標高差の計算には、DAN杉本さん作製の「カシミール3D」を利用させていただきました。